कुछ न कहो इस साँझ

कुछ न कहो इस साँझ

संजय पारिख

वाणी प्रकाशन

वाणी प्रकाशन
4695, 21-ए, दरियागंज, नयी दिल्ली 110 002

शाखा

अशोक राजपथ, पटना 800 004

फ़ोन : +91 11 23273167 फ़ैक्स : +91 11 23275710

www.vaniprakashan.in
vaniprakashan@gmail.com
sales@vaniprakashan.in

KUCHH NA KAHO IS SANJH
by Sanjay Parikh

ISBN : 978-93-5000-477-7
Poetry

प्रथम संस्करण

मूल्य : ₹ 325

हर्ष प्रिंटर्स, दिल्ली-110 093 में मुद्रित

वाणी प्रकाशन का लोगो मक़बूल फ़िदा हुसेन की कूची से

अपने पूज्य पिता को समर्पित
जिन्होंने जीवन के
सही अर्थ को समझाया।
उनका ही आशीर्वाद है कि
कुछ ढूँढ़ते रहने की पिपासा
कभी रीतती नहीं और
क्षितिज पर फैली आभा
प्रेरित करती,
कभी बीतती नहीं।

अपनी बात

जीवन की असम्पृक्तता में भी कहीं कविता रह सकती है। कविता मन के भावों सी चिड़िया बन फुदकती रहती है और जैसे ही वह स्वतन्त्र होती है, पंख पसार कर उड़ने लगती है। उसका उड़ना आनन्द देता है। उसका स्वतन्त्र होना रचनात्मक ऊर्जा को नया आयाम देता है और कविता कर्मी सृजन के उन क्षणों में सबसे दूर–अपने परिचित आप से भी–मुस्कुराता है। वो मुस्कान प्रकृति के अधरों पर भी बिखर जाती है। कविता नहीं, सृजन का वह क्षण, जीवन का एक अभिन्न अंग बन जाता है। कविता सतही कारणों से नहीं उपजती। कवि के स्वभाव का उससे कोई आवश्यक सम्बन्ध हो, ऐसा भी ज़रूरी नहीं। सामान्य रूप से कवि क्या कहता है, ज़रूरी नहीं कविता में उसका समावेश भी हो। पर हाँ कवि अपने अन्तःकरण का विरोध नहीं कर सकता। उसके विपरीत वो नहीं चल सकता क्योंकि वहीं से वो देखता है, या देख पाने का प्रयास करता है और अक्सर यह स्वीकार करता है कि बहुत कुछ अनदेखा रह गया है। वहाँ से शब्द नहीं उठते, उठते हैं वहाँ से वो बादल जो अनाम से घूमते रहते हैं और उनके साथ कवि भी वैसे ही भटकता रहता है। शब्द उसी भटकन में मिलते हैं जो बादलों को अन्ततः एक रूप देते हैं। कवि का रूप फिर क्या हुआ : बस यह कि वह एक सृजनात्मक भटकन में विचरता मानव है जो बाहर-भीतर होते अगोचर आयामों को अपने में समेटता रहता है और अभीप्सित रहता है कि उसे अपनी शैली में उकेर सके। शैली का तो एक विन्यास, आव-भाव, रंग-ढंग सम्भव है, उसका ज्ञान और शाब्दिक भंडार से तादात्म्य भी हो सकता है, परन्तु शैली का स्वयं अपने में कविता सृजन से कोई सम्बन्ध नहीं। शैली अपने आप ढल जाती है जब कविता लिखने की जिज्ञासा जकड़ लेती है। यह ठीक है कि शब्दों का प्रयोग उस अनुभूत सत्य के अनुरूप ही होना शोभनीय है, परन्तु महत्ता रहती है उस सत्य के धरातल की जहाँ 'स्वयं' अनुभवों के साथ (पर बँधा नहीं) या उससे स्वतन्त्र होकर अपने सृजन-मनन में डूबा रहता है। वह 'स्वयं' जीवन का अभिन्न

अंग होता है। इसी कारण कविता बौद्धिकता या सिर्फ़ भावुकता या सिर्फ़ शब्दों का विन्यास मात्र नहीं है। कविता जीती जागती चेतना है जो कवि को, जब भी वो अपने कवि-धर्म से विमुख होता है, सचेत करती रहती है, उकसाती रहती है, प्रेरित करती रहती है।

कवि में जब बावरा अल्हड़पन बीतने लगे, बालकों की तरह प्रश्न करने की जिज्ञासा रीतने लगे और अपने होने की महत्ता सिर पर सवार होने लगे तो ये जान लेना चाहिए कि अन्दर का कलाकार कवि मिट चुका है बस शब्दों का खेल मात्र रह गया है जो मदारियों की तरह भीड़ को बस प्रसन्न कर सकता है। एक बालक अपने में डूबा जब खेलता रहता है तो बस उसमें डूब कर खेलते रहना ही उसे प्रिय लगता है। वह यह नहीं सोचता कि खेलना स्वान्तःसुखाय कर रहा है, याकि वो इसलिए खेल रहा है ताकि लोग उसे देखें, उसकी प्रशंसा करें। कविता का सृजन सही रूप में इसी चेतना के साथ होना चाहिए। कविता आत्मविकास के उस धरातल पर अगर स्वान्तःसुखाय लिखी जाये तो अन्तर से टपकता आत्मरस उसे उसी बालक भाव में विभोर किये रहता है। यही स्थिति श्रेयस्कर है। पर इसका अर्थ क्या यह हुआ कि कविता बस स्वान्तःसुखाय ही लिखी जाती है? स्वान्तःसुखाय लिखना न तो कोई बुरी बात है न ही ऐसा है कि इस प्रकार का लेखन सम्भव नहीं। मनुष्य बहुत सारी चीज़ें ऐसी करता है जो स्वयं के लिए होती हैं। प्रभु से प्रार्थना अकेले में बैठकर करना कोई अचरज की बात तो नहीं। कविता की उत्पत्ति, मन के अकेलेपन में, वस्तुओं को अलग से देख पाने के भाव और संसृति के ऊहापोहों में चेतना के अस्तित्व को बनाये रख पाने के क्रम में ही प्रकट होती है। वह मन को प्रसन्न करती है, अतः स्वान्तःसुखाय अपने आप ही हो जाती है। यह कहना कि कवि के मन में हमेशा यह भाव रहता है कि कोई उसे देखता है, कोई प्रशंसा करता है और वही कविता की प्रेरणा होती है, तो यह स्वीकारणीय नहीं। अगर किसी कवि की प्रेरणा यही है तो उसे स्वयं अपने को कवि कहलाने के मापदंड निर्धारित करने होंगे। प्रार्थना भीतर से उठती है, कविता भी भीतर से उठती है। कवि अपनी कविता का सृजक तब तक ही रहता है जब तक वह उसके गर्भ में रहती है, उसकी उत्पत्ति के बाद वह उस रचना को अपने से पृथक देखता है, उसे सराहता है, आनन्दित होता है--किसी भी और व्यक्ति की तरह। अक़्सर कविता के अर्थ उसके सृजन के काल में, लिखने के बाद और फिर दोबारा देखने में, बदल जाते हैं। अच्छी और सच्ची कविता कवि को हमेशा आनन्द देती है। अतः 'सुखाय' होना कविता का गुण है और उसका अनुभव करना कवि का गुण है। पर ऐसा नहीं कि कविता परान्तःसुखाय होगी

तो उसमें कोई दोष आ जायेगा। जो स्वयं को सुख देगी तो स्वभावतः उसका गुण दूसरों को सुख देने का भी होगा किंचित वे इस सुख प्राप्ति के लिए पर्याप्त रूप से तैयार हैं, चैतन्य हैं।

कविता कवि ख़ुद भी पढ़ सकता है, या गा सकता है; उसकी कविताएँ छप भी सकती हैं। इन सभी माध्यमों से उन कविताओं का आनन्द, उनका भाव, उनका दर्द दूसरों तक जाता है जो उसे अपने चित्तानुरूप समझते हैं, ग्रहण करते हैं। पर कवि सिर्फ़ छपाने के लिए, उसे ही अपना उद्देश्य बनाये, लिखे, ऐसा कवि धर्म के विपरीत है। ऐसा करना अन्तर विकास को रोकता है। ऐसा कर्म कवि की सृजनशीलता का परस्पर विरोधी है। "योजना बनाकर कविता नहीं लिखी जा सकती", दिनकर जी ने कविताओं के सृजन के बारे में अपना मत रखा है। पर हम जो शब्दों को चुनते हैं, उन्हें ठीक करते हैं, शैली को और भी प्रभुत्वशाली बनाते हैं, उसका फिर क्या अर्थ है? क्या वह कवि की सृजनशीलता के विपरीत है? कदापि नहीं—ऐसा कवि तभी करता है जब कविता सृजित हो जाती है, उससे पहले बस कवि होता है, उसकी संवेदना होती है और फिर शब्द उसे सृजित करते हैं—इस सृजनायाम में कोई और नहीं होता।

रिल्के ने एक युवा कवि को कविता के सृजन के बारे में अपने पत्र में लिखा था : "अपने से ये पूछो कि अगर कविता लिखने से तुम्हें रोक दिया जाय तो क्या तुम मरना पसन्द करोगे। अगर हाँ तो कविता लिखना तुम्हारी आवश्यकता है और तुम स्वयं अपने भीतर इस स्पन्दन के गवाह हो।" अगर कविता अपने चित्त के इस गहन भाव से निकली हो तो कोई ज़रूरी नहीं कि तुम उस कविता का महत्त्व आँकने के लिए किसी और से पूछो। न तो वह व्यक्ति ऐसा महत्त्वांकन करने में समर्थ होगा, न उसका तुम्हारे लिए कोई मूल्य ही होगा। अगर उस भाव को उकेरने में शिल्प की कमी भी है तो वह कमी भी आपको ही पूरी करनी होगी। दूसरे व्यक्ति का शिल्प तुम्हारा शिल्प नहीं हो सकता, वैसे ही जैसे तुम्हारा अन्तर तुम्हारा ही है, और कुछ वैसे ही जैसे प्रभु-प्राप्ति का मार्ग सबका एक-सा नहीं हो सकता। अगर कवि शिल्प के जाल में फँसा, अपनी प्रशंसाओं को बटोरने में लगा है तो उसे सच्चा कवि बनने के लिए अपने उथले धरातल को छोड़ शब्दों को अपने सत्य के साथ बाँधना होगा, तभी कवि-साधना और जीवन-साधना में सामंजस्य बन पायेगा। कविता और जीवन का तादात्म्य ही साधना का मर्म है, सृजनात्मकता का स्रोत है। लेकिन हर भीतरी अनुभव कविता तो नहीं हो सकता, 'न कहा हुआ' या 'न कह सक पाने की पीड़ा' कविता में जब आती है तभी कविता की सार्थकता पूरी होती

है। जापानी हाइकू या चीनी कविताओं में बसन्त या पतझड़ बहुत कुछ कह जाते हैं और वो अन्तर के शून्य को झकझोर देते हैं। वह कोई सन्देश नहीं देते, कोई उपदेश नहीं देते। कविता का ध्येय उपदेश देना हो यह ज़रूरी नहीं। परन्तु जब कबीर, सूर और तुलसी कुछ कहते हैं या मीराबाई अपने भजनों में झूम कर गाती हैं तो मन कभी अचरज, कभी प्रेम, कभी करुणा, तो कभी भक्ति से आप्लावित हो जाता है। कभी कबीर सोचने पर मजबूर कर देते हैं तो कभी रहस्यवाद के अनाम द्वार पर खड़ा कर देते हैं। कविताओं में कभी प्रकृति व उसके अनेक रूप मनुष्य के अन्तःकरण के विभिन्न पहलुओं को सूक्ष्म रूप से दर्शाते हैं जिससे यही लगता है कि कविताओं द्वारा कवि कुछ इंगित करना चाह रहा है। परन्तु कविताएँ सिर्फ़ प्रकृति का या मनुष्य के स्वभावों का, और नाना भावों का चित्रण भी कर सकती है जिसका उद्देश्य कोई उपदेश करना नहीं होता। पर उसका पढ़ना एक आनन्द की उत्पत्ति करता है। कविताओं के इन रूपों को विभिन्न कालों में और परिस्थितियों में, आलोचकों ने विभक्त किया है : क्लासिकवाद, रोमांसवाद, छायावाद, शुद्धतावाद, प्रतीकवाद, सररियलिज्म, अभिव्यंजनावाद, रहस्यवाद और नयी कविता आदि-आदि। पर यह विभाजन आलोचकों का है। कवि चाहे वह प्राचीन युग का हो या नये युग का, उसका धर्म अनुभव के अनुरूप शब्दों को गोते लगा-लगा कर ढूँढ़ना ही रहा है और अतृप्ति ने उसे हर युग में क्रियात्मक बने रहने की प्रेरणा दी है। चेतना का चित्रण समय और स्थिति के अनुसार अलग-अलग तो हो सकता है पर उसके अन्तःकरण में एक सूत्र गुथा-बिंधा हमेशा मिलेगा जिसे हम कविता की आत्मा कहते हैं। अतः यह विभाजन साहित्यिक और ऊपरी स्तर तक ही सीमित रखना चाहिए। कवि को इस दुरूहता में पड़ने की कोई आवश्यकता नहीं।

कविता कम पढ़ी जाती है, सच तो यह है कि सही मायने में कविता कम ही लिखी जाती है, चाहे कवि सैकड़ों और हज़ारों क्यों न हों। कविता कितने लोग पढ़ते हैं और जो कवि लिखेगा उसे लोग पढ़ेंगे ही, इसका अनुमान हो जाये तो कवि लिखना ही छोड़ दे। पर ऐसा होता नहीं, सच्चे कवि के लिए लिखना एक आवश्यकता है जैसा रिल्के ने कहा था। पर लोग लिखते हैं, समसामयिक समस्याओं पर लिखते हैं, राजनीति पर लिखते हैं, व्यक्ति विशेष पर लिखते हैं। इस तरह के लेखन में एक बात तो यह है कि अगर समाज पतन की ओर अग्रसर हो रहा है या देश किसी परिवर्तन के दौर से गुज़र रहा है तो कवि उस परिस्थिति में उन विषयों पर लिखेगा जो मानवीय चेतना के सम्प्रेषण के लिए आवश्यक हों। वह परेशानियों या जटिलताओं का वर्णन नहीं करेगा। इस तरह

की कविताओं का अपना एक शिल्प होता है, एक रस होता है। पर क्या बस उपयोगितावाद को मार्ग बनाकर कविताएँ लिखी जा सकती हैं?

कविता लिखने का मार्ग चुनना कवि-धर्म के लिए और कविता की मूल भावना के लिए श्रेयस्कर है। उत्तर यही होगा कि उपयोगितावाद कविताओं को उस सतही स्तर पर लाने में सक्षम है जहाँ बस शब्द और शिल्प ही रह जाते हैं। सही बात तो यह है कि उपयोगितावाद वो दुर्गुण रचनात्मक ऊर्जा में ला सकते हैं जिसका कविता या कला से दूर-दूर का रिश्ता न हो, पर सही है कि इस उपयोगितावाद को कवियों ने स्वीकारा भी नहीं। दिनकर जी ने अपनी पुस्तक 'कविता और शुद्ध कविता' में बताया है कि तियोफेल गोतिये (1811-1872) को उपयोगितावाद से इतनी चिढ़ थी कि उन्होंने साफ़-साफ़ शब्दों में यह कहा कि "जो भी वस्तु उपयोगी है, वह बिल्कुल कुरूप है। घर का सबसे उपयोगी भाग वह है जिसे हम शौचालय कहते हैं।" रवीन्द्रनाथ टैगोर, जयशंकर प्रसाद, निराला आदि ने इस उपयोगितावाद को हमेशा नकारा। पर उपयोगितावाद को आज भी बाहुल्यता में कविताओं में स्वीकारा जा रहा है। पर चाहे जो कुछ भी हो कवि की शाश्वत चेतना ही कविता की सद्यः सलिला में हमेशा विद्यमान थी, विद्यमान रहेगी। समसामयिक विषयों पर लिखी कविताएँ, विषय परिवर्तन होते ही अपना असर खो देती हैं। पर जो कविताएँ जीवन के विभिन्न पहलुओं और अन्तःकरण से जुड़ी होती हैं, वे शाश्वत होती हैं। ज्ञान के प्रसार, नये विषयों की जानकारी, वैज्ञानिक उपलब्धियाँ और युग-परिवर्तन, कविता के शिल्प को, शब्दों के प्रयोग को और उन अनुभवों को, जो ज्ञान के तत्कालीन मापदण्डों पर आधारित हैं, बदलते रहते हैं। पर इसका अर्थ यह नहीं होता कि मनुष्य की चेतना और कविता के मूल-स्रोत में भी बदलाव आ जाता है। अगर ऐसा होता तो सूर और तुलसी की रचनाएँ रीत चुकी होतीं। इस वैज्ञानिक युग में जहाँ इंटरनेट द्वारा कैसी भी जानकारी उपलब्ध हो सकती है, भाषा और शब्दों के माध्यम से चमत्कारिक प्रयोग हो रहे हैं, तब भी इन महान रचनाओं की महत्ता बढ़ी ही है, कम नहीं हुई है। तो जो सूर ने जाना या कि तुलसी और कबीर ने अपनी सृजनाओं में उकेरा, क्या किसी युग मात्र से ही बँधा हुआ था, जहाँ तमाम ज्ञान-विज्ञान की जानकारियाँ उपलब्ध ही नहीं थीं? तो उनका देखने का भाव क्या सीमित नहीं था? क्या बाह्य जगत का और विविधताओं का कविता की गहनता और उत्तमता पर बहुत प्रभाव पड़ता है? इन सब प्रश्नों का उत्तर यही मिलता है कि कवि सच्चे अर्थों में समय और स्थिति से बँधा नहीं रहता। जिस भाव से वह बँधा रहता है उसका संसार उसके अन्दर विद्यमान रहता है और उसकी दृष्टि क्षितिज के पार,

बहुत दूर तक देखती है। समय परिवर्तन और स्थिति परिवर्तन बस शब्द और शिल्प में परिवर्तन लाते हैं पर कविता का सम्बन्ध हमेशा अन्तःकरण से उठती ध्वनियों, चित्रों और भावों से जुड़ा रहता है। यह सूत्र इस बात को स्पष्ट करता है कि कविता को विभिन्न खण्डों और वादों में विभक्त नहीं किया जा सकता। तो ऐसा करना क्या व्यक्तिमात्र या व्यक्तिसमूहों के द्वारा अपने अहम् को स्थापित कर अपनी महत्ता बताना है? यह एक चिन्तनीय विषय है।

नया प्रयोग करना, शैली में रोचकता उत्पन्न करना, तुकान्तक से अतुकान्तक या फिर छन्दात्मक बनाना—समय और आयामों के साथ, युग परिवर्तन के साथ बदलता रहता है। कवि भी शैली में परिवर्तन लाने की ज़िद करता है। उसे लगता है कि पुराना तरीका अब अपनी सृजनात्मक गवेषणा के लिए सक्षम नहीं रहा और उसे दूसरे तरीके से करने का समय आ गया है। कई बार ऐसा प्रयोग सतही भी होता है। पर ऐसा हमेशा नहीं कह सकते कि इस परिवर्तन के पीछे केवल कलाकार कवि के अहम् का प्रत्यारोपण होता है बल्कि वह नयेपन को लाते रहने की स्वाभाविक चेष्टा भी हो सकती है। अगर कवि को लगता है कि तुकान्तक शैली उसकी रचनात्मक गहराई को सतह पर लाने में बाधा है तो दूसरी शैली अपनाने के लिए वह स्वतन्त्र है। ऐसा करने में वह कोई अपराध नहीं करता, चूँकि वह आत्मिक अनुभूति के धर्म से बँधा रहता है, वह बस शब्दों का प्रयोग मात्र करने के लिए शैली को नहीं बदलता। समय के परिधिकाल में बाह्य जगत और उसके रूप-अरूप में, प्राकृतिक और मानवीय कारणों से सिर्फ़ सतही ही नहीं बल्कि मूलभूत परिवर्तन भी होते रहते हैं। ये परिवर्तन मानवीय चेतना को भी प्रभावित करते हैं। बाह्य प्रक्षेपन अन्तःकरण को प्रभावित करता है, नये प्रतीकों और बिम्बों की रचना करता है, हाँ यह ज़रूर है कि वो प्रतीक कभी बिल्कुल नये होते हैं और आश्चर्य उत्पन्न करते हैं, तो कभी चेतना के भीतरी आयामों को उजागर कर, प्रतीकात्मक अभिव्यंजना में एक नयी जान डाल देते हैं। यह बाह्य और भीतरी जगत का भेद भी धीरे-धीरे समाप्त होता जाता है और कवि को यह मालूम ही नहीं पड़ता कि प्रेरणा कहाँ से मिली। रचनात्मक ऊर्जा उसके पोर-पोर में बस जाती है। सुन्दरता का आकलन तभी हो पाता है जब अन्तर में वह सुन्दरता विद्यमान हो—तो बाह्य सुन्दरता का दृश्य होना द्रष्टा में विद्यमान सुन्दरता का अन्तरबोध ही होता है। प्रतीकों का यह संसार भी आखिरकार कवि की गहनता और उसके निरन्तर आत्ममन्थन से ही सृजित होता है। ये प्रतीक कवि के अपने आत्मतल के प्रतिनिधि होते हैं और बाह्य जगत में रूप-परिवर्तन के साथ वो बदलते भी रहें तो भी उससे कवि धर्म की कोई क्षति नहीं होती।

इन सभी बाह्य कारणों का भी अपना स्थान है, पर महत्त्व है चेतना की उर्वरता पर गिरती पानी की बूँदों का!

पर शब्द बस क्या अभिव्यंजना को रूप देने का माध्यम भर हैं? चूँकि प्रेरणा और सृजनात्मकता कोई शब्दों पर सवार होकर तो उतरती नहीं? फिर शब्द क्या हैं? शब्द नहीं थे तब क्या वह प्रसन्न नहीं होता था, तब क्या वह कविता नहीं करता था (कैसा भी रूप हो उस कविता का), गाता नहीं था, चित्र नहीं बनाता था। यह विषय अपने में काफ़ी गूढ़ और विस्तृत है, पर अभी इस सन्दर्भ में क्या यह कहने में कोई त्रुटि होगी कि शब्द और भाषा का ज्ञान जब मनुष्य को नहीं था तब भी उसमें एक चेतना थी, एक भाव था, सम्प्रेषण का अपना एक माध्यम था। धीरे-धीरे शब्द बने, एक भाषा बनी, जो उसकी अपनी भाषा थी, वह उसके उतने ही पास थी जैसे पेड़ों का मौन इंगित! वर्षों के प्रयोग से वह भाषा भावों को उकेरने का प्रयास सहज ही करने लगी और तब बातचीत और विचार शब्दों में बँधने लगे, उनके बीच की दूरी मिटने लगी। शब्दों का प्रयोग आपसी व्यवहार में कैसा हो, लिखने में कैसा हो यह सब धीरे-धीरे निखरने लगा। परन्तु वस्तुओं के परे देखने का भाव, चेतना की तहों से उठती सृजनात्मक प्रेरणा, एक अनजाने आश्चर्य का बोध, एक अनूठी प्रसन्नता का उदय आदि शब्दों से कभी नहीं बँधे, उनकी बस छुवन या अनुभव को ही कलाकार शब्दों की माला में बींधता रहा या उसमें रंग भरता रहा। शब्द और सृजन के मध्य एक छोटा या बड़ा अन्तराल ही कवि या कलाकार की आत्मा है; उसी अन्तराल के बोध को बारीकी और करीबी से बाँधने का प्रयत्न शब्द करते रहते हैं और वे जब सार्थक हो जाते हैं तभी कुछ सृजित होता है।

इन सब बातों के साथ मुझे लगा कि इस संग्रह की कविताओं के बारे में भी कुछ कहना अनिवार्य है। जीवन को हम जैसे देखते हैं, वो कहीं न कहीं रचनाओं में प्रत्यक्ष या अप्रत्यक्ष रूप से आ ही जाता है। उसके साथ ही वो सारी चीज़ें, जो आपको प्रिय हैं, वो भी आ जाती हैं; जैसे कि चाँद, सूरज, धूप, बसन्त आदि-आदि। ये प्रिय पदार्थ ही विभिन्न परिस्थितियों में बिम्ब बनकर उभरते हैं। साँझ और सवेरा, सूरज और चाँद आपके जीवन के साथ-साथ चलते रहते हैं। कभी आप उनके प्रति चैतन्य रहते हैं, तो कभी उदासीन। इस जीवन काल में, उतार-चढ़ाव में, नये सम्प्रेषणों और क्रमगत बौद्धिक विकास में देखने का भाव भी बदलता रहता है। कभी सुबह आपको बहुत आत्मिक सुख देती है और कभी बादलों में बिखरी सुरमई आभा बस ऊपर-ऊपर ही छू पाती है। बाहर और अन्दर का यह खेल अनवरत चलता रहता है। बसन्त और शरद ऋतु हर बार उकसाती

है कि मैं आयी हूँ, क्या कुछ नहीं कहोगे? ऐसे ही दोपहर अगर प्रताड़ित करती है ग्रीष्म में तो सर्दियों में उसके साथ-साथ दिनों तक बैठने का मन करता है। दोपहर कभी सुख बन जाती है तो कभी दुख। कविता अगर किसी एक ही भाव को भी विभिन्न परिस्थितियों में समय और आयामों में उभारती है, तो भी वह अपने में एक अलग कविता होती है। यूँ कविता एक द्वीप भी होती है और एक नदी भी। अगर कुछ शब्द बार-बार, किसी न किसी रूप में कविताओं में आ गये हैं तो वो मेरे मन का ही बन्धन है, याकि उन शब्दों का मोह मुझे छोड़ता नहीं। मुझे सच ये लगता भी नहीं कि मैं उन्हें छोड़ूँ। आशा है पाठक मुझे इस मोह संवरण के लिए क्षमा करेंगे।

सृजन बहुआयामी है। इस विषय पर विभिन्न मत-मतैक्य होना कोई आश्चर्य नहीं। ऐसा होना तो इस विषय की गम्भीरता को ही प्रतिस्थापित करता है। इस संग्रह की कविताएँ सृजन के उन मापदण्डों को कहाँ तक छू पायी हैं, यह तो पाठक ही तय करेंगे। बीच में पिता का बिछोह बहुत कष्टप्रद रहा। शरीर नश्वर है और आत्मा निरन्तरता है, इसका बोध होते हुए भी लगा कि किसी भी उम्र में माता-पिता से बिछुड़ जाना बहुत दुःख पहुँचाता है। ऐसा लगता है कि एक सुरक्षा कवच ऊपर से हट गया हो। यह संग्रह मेरे पूज्य पिता को समर्पित है, जो मेरे मार्गदर्शक, गुरु, सखा सभी कुछ थे और जिन्होंने मेरे पूर्व कविता संग्रहों को बड़े ध्यान से पढ़ा था, उनमें अगर त्रुटियाँ भी बताई थीं तो उन्हें सराहा भी था।

मेरे मित्रवर विमल जी, अजय पाण्डेय जी और उनकी धर्मपत्नी शुभ किरन के सराहनीय प्रयासों के कारण ही पूर्व कविता संग्रहों का प्रकाशन सम्भव हो पाया था। यह संग्रह भी उनके सहयोग से ही छापना सम्भव हो पाया है। मैं उनका अनुग्रहीत हूँ। डॉ. आनन्द, नलिन जी, शरद जी, डॉ. शकील अहमद मोईन मेरी कविताओं को पढ़ते रहते हैं, इस संग्रह की कविताएँ पढ़ कर वे प्रसन्न होंगे, ऐसी आशा है। श्री विभूतिनाथ झा संस्कृत के विद्वान हैं। उन्होंने भी इन कविताओं को देखकर कई जगह सुधार किया। उनका भी मैं आभार व्यक्त करता हूँ। श्री कृष्णदत्त पालीवाल जी को मैं इस समय पर कैसे भूल सकता हूँ। मैंने पुराने दोनों कविता संग्रह उनको दिखाने के बाद ही प्रकाशन के लिए दिये थे। मैं चाहता था कि उनसे इस कविता संग्रह की भूमिका लिखवाता। पर असमय ही उनका निधन हो गया। उनका न रहना इन शब्दों को लिखते हुए बहुत खल रहा है। सुप्रीम कोर्ट के कार्यकलापों के बाद कुछ समय मिलता था तो उनसे बात करने में बड़ा आनन्द आता था। हिन्दी जगत की बहुत-सी बातें, नयी किताबों और रुझानों के बारे में जानकारी मिलती थी। ऐसी क्षति की पूर्ति कभी सम्भव नहीं।

चतुर्वेदी बद्रीनाथ जी से मेरा सम्बन्ध 1985-86 से था। दिल्ली में जब वे थे तो अक्सर उनसे मुलाकात होती रहती थी, बातचीत भी हफ़्ते में एक बार हो ही जाती थी। पर जब वे पांडिचेरी रहने चले गये तब तो लगभग हर दिन उनसे बात होती थी। फ़ोन पर कई बार उन्होंने मेरी कविताएँ पढ़कर मुझे सुनाईं। उनका पढ़ने का ढंग बहुत सुन्दर था। मेरे दूसरे काव्य संग्रह 'तुम हो तो हूँ' के लिए दिनांक 23 जनवरी, 2010 को एक छोटा, परन्तु सारगर्भित उद्‌बोधन मुझे भेजा था। मुझे बड़ी प्रसन्नता हुई उसे पढ़ कर और मैंने उसे पुस्तक में छापा भी। बड़ी इच्छा थी कि छपते ही पुस्तक की पहली प्रति उनको दूँ। परन्तु कुछ ही दिनों के बाद मालूम हुआ कि 17 फ़रवरी, 2010 को उनका देहावसान हो गया। वे एक बड़े चिन्तक, दार्शनिक और लेखक होने के साथ एक अच्छे वक्ता भी थे। उन्होंने मेरी कविताओं को सराहा, इससे बड़ी बात मेरे लिए और कुछ नहीं हो सकती। उनके द्वारा पढ़ी मेरी कुछ कविताओं को मैंने यू-ट्यूब पर डाल दिया है। यदाकदा उनकी आवाज़ सुन लेता हूँ, तो बड़ा अच्छा लगता है कि मुझे ऐसे विद्वान व्यक्ति का सान्निध्य मिला।

प्रोफ़ेसर मनोज दास ने मेरे पुराने कविता संग्रहों को भी देखा था और इस कविता संग्रह को भी पढ़ा है। उनके विचार बहुत ही सारगर्भित और प्रेरक हैं। मैं उनका अनुग्रहीत हूँ।

मैं श्री अहिवरन सिंह जी को हार्दिक धन्यवाद देता हूँ, जिन्होंने बड़े मन से इन कविताओं को कम्प्यूटर पर उतारा और जहाँ भी कोई कमी लगी उसे मुझे बताया। उनके इस अथक प्रयास के बाद भी कोई त्रुटि रह गयी हो तो उसे मैं अपने ही प्रयत्नों की कमी मानता हूँ। श्री अरुण माहेश्वरी जी बीच-बीच में पूछते रहते थे कि मेरा नया संग्रह कब आ रहा है। उनकी सहृदयता के लिए मैं आभारी हूँ। मेरी पत्नी वन्दना और सुपुत्र ऋत्विक और सात्विक तो इन कविताओं में रचे-बसे हैं, सृजन का वे एक अंग हैं। विश्वास है वे इन कविताओं को पढ़ेंगे और प्रसन्न होंगे।

पाठकगण इस संग्रह को स्वीकारेंगे, ऐसा मेरा विश्वास है।

–संजय पारिख

अनुक्रम

शब्द विमुक्ति

व्याकरण न कहो
अभी एक गीत उभरा है
चढ़ा है प्रेम अब परवान।

कहाँ कहने से हो पाती है
एक बात
और कहाँ दिखने से ही
दिख पाता है भला,
खिलना फूलों का तो बस
होता नहीं बसन्त!

चुनते नहीं जब शब्द कोई अर्थ
पद-चिह्न सारे मिट जाते हैं
आँगन से
तब सिमट आता है प्यार...

बात होती है
और बसन्ती हाथ
आँखें मूँद देते हैं
कुछ और
देखने नहीं देते!

कुछ न कहो इस साँझ

अभी न कहो कुछ
चलना है अभी दूर, बहुत दूर
लम्बा है रास्ता
समय भी कम है
सूरज की ललाई भी
बस छिपने को है।

क्या कहोगे ये भी जानता हूँ
कहाँ गिरा, कहाँ सँभला
पहचानता हूँ
चला फिर भी...ये तो मानोगे
अब पहुँचने को हूँ
घर अपने
न कहो अभी कुछ।

उठा था जब भोर में
सोचा था ढूँढ़ ही लूँगा तुम्हें साँझ तक
बाँध लूँगा आलिंगन में
पर आते गये अनेक आकर्षण
भ्रमाते गये जो
नारियल कुंजों से
लतिकाओं में।

अब बहुत कम है समय
सूरज छिपने को है
उलाहना न दो
लम्बा है रास्ता
चलना है
पहुँचना है अपने घर
प्रियवर...
शंका न करो
कहो इस साँझ
अब कुछ भी नहीं!

रे अधीर मन!

अभी-अभी तो शाम ढली है
क्यूँ अधीर हो मन?

अभी-अभी तो 'वो' चिलकती धूप से थकी
लाल घूँघट निकाले
उस पहाड़ी पर
पेड़ के नीचे बैठी है
विश्राम तो कर लेने दो उसे कुछ क्षण...!

अभी-अभी तो गगरी उठाये पनिहारिनें
चली हैं अपनी डगर
प्यास से भरी उस गगरी से
छलक तो जाने दो कुछ जल!

दिन-भर तो बिफरी आँखों में
कभी रेगिस्तान
तो कभी सागर तैरता है
झुकने तो दो पलकें
अँज तो जाने दो थोड़ा-सा कजरा!

निकलेगा कुछ ही देर में चाँद
पहाड़ी के ऊपर
और चाँदनी

चम्पा के फूलों पर झूलती
तुम्हें पुकारेगी
सुनोगी नहीं उसकी मनुहार
क्यूं हो आकुल
अभी-अभी तो शाम ढली है!

माँ! देह भुवन सब रीते

आओ!
इस धूलधूसरित भुवन में
पोंछ दो उस कोने में रखे खिलौनों को
मेज़ को
कुर्सियों को,
उस ओर भरा है टूटे काँच का ढेर
न जाने कब-कब, क्या-क्या टूटा
सब कुछ है वहाँ
रद्दी, फटे काग़ज़
सालों का सिंचित पर बेकार सामान
फेंक दो उसे किसी कूड़े के ढेर पर।

वहाँ बना लिया है मकड़ियों ने अभेद जाल
न जाने कब ये हुआ
देखता तो था हर दिन
सोचता भी था
पर धीमे-धीमे आँखों पर परदा डाल
घुस आयीं मकड़ियाँ
और घेर लिया उस बड़े कोने को,
हटा दो वह जाल
आने दो उजाला
उस कोने तक।

यहाँ कुछ धब्बे हैं

कुछ आड़े तिरछे चित्र हैं
कुछ लेखांकन हैं
सब मिटा दो
लेप दो उस पर सफ़ेद रंग
रहने दो दीवार को दीवार सा...
भित्तिचित्र अब प्रेत बन गये हैं
कभी भावुक हो जाते हैं
तो कभी अवसाद ले आते हैं
कभी बड़े हो वट वृक्ष बन जाते हैं
तो कभी बौने...बहुत छोटे,
कभी प्रेम करते हैं
तो कभी घृणा,
देखने दो
कुछ न होने से
क्या होता है
मैं कैसा दिखता हूँ?
मैं कैसे रहता हूँ?
क्या करता हूँ?

यूँ तो हर दिन आता था
पर फ़र्श पर फिर भी धूल है
मेरे अपने ही पैरों के सैकड़ों निशान हैं
पोंछ दो इसे
कि फ़र्श चमक उठे
और धूप उस पर फैल कर बैठ जाये,
फिर आये ताज़ी हवा
जो इस भुवन के पोर-पोर में भर जाये।

वो देखो मेरा प्रिय
पाया था किसी क्षण में जिसे
कैसा सिमटा पड़ा है
सब कुछ उसी का तो था इस भुवन में

वो जाने कब क्षण से अक्षुण्ण हो जाता था
सीमा से—सीमाहीन
गति से परे
क्षितिज से परे
भारहीन अथाह सागर।

वो ही ले आता था बहार
गीतों के छन्द...राग-रागनियाँ...फुहार
तब विरह-घट
फूट कर सारे भुवन में
बह जाता था।

आओ
अब थक गयी होगी
कर लो थोड़ा विश्राम
बिठा लो अपने पास
रख दो प्रेमिल हाथ
शिशु हूँ तेरा
सब रीत गया...
माँ...!!

ढूँढ़ रही चहुँ ओर

भला ऐसा भी कहीं होता है
कि ढूँढ़ने निकलो
सुबह से शाम तक
सड़कों के किनारे
बबूल के जंगलों में
और देखो कहीं पीली धूप
तो चिल्लाने लगो
कि पा लिया बसन्त को।

भला ऐसा ही होता तो
चतुर ग्वालन बाँध नहीं लेती
बसन्ती धूप को खूँटे से
और फिर रिझाती कृष्ण को
कि वो बैठे पास
और छेड़ दे मधुर सुर बाँसुरी के।

क्यूँ मीरा देखने मधु बसन्त फिर
रचती रहती गीतावली
और नाचती हुई मदमस्त
फिरती रहती बावरी।

कहीं सरसों के फूलों को देख भर लेने से
कोयल के गाने से

और धीमी ठंडी बयार चलने से
आ जाती है बसन्त?

छूती है तभी वो
और आँगन में बैठ भी जाती है
जब दिनयाम
ढूँढ़ता है मन केसर के बाग़ों में
सुगन्ध के आगार को
और मदमस्त हुआ
छिपते सूरज में
देख लेता है
बादलों के पार
आती बसन्त
और रात-भर औत्सुक्य भरे
नयनों से
करता है सूरज की
पहली किरन का
स्तवन!

क्या होगा कभी ऐसा

चढ़ूँ बादलों की रस्सी बनाकर
आकाश पर
लिखूँ असीमित नीलाभ पट पर
कुछ शब्द
और फिसलकर गिरूँ धम्म
विशाल सागर में
डूबूँ-डूबूँ
गहरा
बहुत गहरा
फिर...
आकाश पर लिखे शब्द
नक्षत्र बन
ढूँढ़ें मुझे सागर की गहराइयों में
और मैं लहर बन
लौटूँ क्षितिज के आर-पार
क्या होगा कभी ऐसा
बोलो?

स्वप्न-मेखला

पेड़ पर चढ़कर
स्वप्नों को चुनो
और सो जाओ
डाली पर बैठे-बैठे।
फिर जागो, उतरो
और हरी घास पर उड़ती रंगीन तितली के पीछे
दूर तक भागो
और जब थक जाओ
तो आँखें बन्द किये
स्वप्न देखो।

अब सूरज डूबेगा
रात आयेगी
खुल जायेंगे आकाश के
सभी शयनकक्ष
फिर उड़ना बादलों पर बैठ
और सो जाना
आकाश के बिछौनों पर
और देखना
ढेरों स्वप्न
परियों के
स्वर्णिमा के

पर आने न देना परछाइयों को
तुम कभी
जीवन पर्यन्त पास
मिटने न देना कभी
स्वप्नों को!

क्या दोगे साथ

इस सूरज के छिपने से पहले
छिपा लो पीले सरसों के फूलों को
अपनी आँखों में
न जाने कब खड़कने लगें सूखे पत्ते
और पतझड़ आ जाये।

सड़क के कोने से उठायी उस धूल में
किसकी याद ढूँढ़ते हो
धूप के टुकड़े पर टँगी
चिथड़े हुई उस मुस्कुराहट में
किसका नाम खोजते हो
बीत चली है शाम
आओ उलीचें भर-भर अँजुली
जो पाया है स्वर्णिम, सहर्ष
स्वमेव, शुभ!!

प्रेम कहीं क़िले के ऊँचे कँगूरों से
उद्घोष नहीं करता
कहता नहीं मैं तुम्हारा हूँ
देता नहीं उपहारों में मोतियों का हार
रत्न, आभूषण, हीरे, पन्ने, माणिक।

कहीं गहरे में चुपचाप
देता है वो पास होने का अहसास

एक विश्वास
और देखता है कि कोई चुभन
तोड़ तो नहीं रही
स्वप्न-शृंखला।

उतरो चीड़ के पेड़ों के बीच से
फिसलो, फिर उतरो
नीचे, बहुत नीचे
जिसके आगे घाटी हो, विस्तार हो
सुध-बुध खो जाने का
और चिड़ियाओं के चहकने का
एक पथ हो
प्रवास हो।

लगता नहीं तुम्हें क्या इस बसन्त में
कि जो तुम्हारे भीतर बहती बयार थी
तुम्हारे आँगन से
अब वो
बहती हुई
खेतों से
जंगलों तक
बिखर गयी है?

वो अब उस सामने अध-सूखे पेड़ पर बैठी
देख रही है
खिलते हुए फूलों को
जो समाते नहीं भीतर
बनाते नहीं उपवन
महकने नहीं देते
जूही, चम्पा, चमेली।

कहीं कव्वा काँव-काँव करता है

कोयल छिपी हुई
टहनियों के बीच से
बोल भी नहीं पाती अपनी बात
ये कैसा बसन्त है?

बैठा हूँ छिपते सूरज के पास
पूछ रहा हूँ
क्या रहोगे मेरे पास
दोगे साथ
या
छिपा लूँ तुम्हें इन हथेलियों के बीच
और धूप को भर दूँ इस आँगन में
कि बसन्त आये
और भर आलिंगन में
गाये फिर
बसन्त बहार!

चलें इस अरण्य में

चलें इस अरण्य में
खो जायें
ढूँढ़ें अपने ही को
बिछायें धूप की चादर
और लेट जायें,
कोई कुछ नहीं कहेगा
बस रेंगेगी कभी चींटी पैर पर
या कोई सूखा पत्ता करेगा शोर
पर कोई कहेगा नहीं
जानेगा भी नहीं
कि तुम खो गये हो।

रात चाँदनी उतरेगी पेड़ों से
घास पर
और पूछेगी :
कौन हो तुम?
पर जानना नहीं चाहेगी तुम्हारा नाम
तुम्हारा पता
कि तुम क्यों खो गये हो
प्रेमी हो
या बस
एक जिज्ञासु?
क्या करते थे?
धन था?

घर था?
नाम था?
या गुमनाम बस जीते रहे?
चाहा नहीं क्या कभी
कि तुम्हारा नाम छपे अख़बारों में
लोग तुम्हें पूछें
और तुम्हारे न रहने पर भी
तुम्हें याद करें?
और बताओ
खोना ही क्यूँ चाहते हो?

किसी भी प्रश्न का उत्तर
ज़रूरी नहीं देना
चाँदनी तो बतियाती ही है
तुम न होते तो पूछती वो
नीम से
बरगद से
बबूल से
और वृहद् चट्टानों से
नये-नये प्रश्न
न पूछती तो कौन जानता उसे!

चलो कहें अपनी प्रेम गाथा ही
इस मौन से
बतायें उसे अपनी उपलब्धियाँ
करें उद्गार
खुद ही बन जायें वक्ता और श्रोता
सब कुछ स्वयं में ही तो
है निहित।

घूमें निर्वस्त्र
गायें, कूदें, नाचें

कोई देखेगा नहीं
फुसफुसायेगा भी नहीं
कहेगा नहीं कोई अपशब्द
या कि
बाँधेगा तारीफ़ों के पुल।

बोलो रह सकोगे ऐसे
बस इस पहचान से :
'वो था
अब नहीं है'?

तो क्या चलें
खो जायें इस अरण्य में?

सर्दियों की रातें

अँधेरे के प्रेत दौड़े चले आये
देखा जब मुझे
अकेला
सर्दी की रातों में सिमटा
टिम टिम तारों को असहाय सा ताकता।

कुहासा यूँ फैला था
कि पास का अपना घर भी
अजनबी लगता था
ठंडा धुआँ भारी-भारी सा
कभी पेड़ों पर चढ़ जाता
तो कभी सड़कों पर दौड़ने लगता
ऐसा कि जैसे
बादल नीचे आकर
पास से देखना चाहते हों
पेड़-पौधे, घास, मकान, सड़क
ज़मीन, और
गहरी-गहरी साँस में धुआँ छोड़ते आदमी-औरत।

कहीं यहीं जलता था एक अलाव
सिमट कर बैठे थे जहाँ
चिथड़ों में लिपटे कुछ लोग।

ठिठुरन भीतर-बाहर

अन्दर बहुत अन्दर
जैसे अँधेरों के आवर्त से घिरी
पूछती हो : डर गये क्या?
अकेले हो?
एक हलचल-सी होती है झाड़ियों में
एक गर्म उसाँस
धमनियों से होकर
टप-टप आँखों से बहती जाती है।

सर्दियों की इन रातों में
जैसे वर्षों का सन्ताप
कि तुम नहीं हो
अकेला हूँ
पैठता जाता है
भीतर ही भीतर
जीवन प्रश्नचिह्न सा बन
आकाश पर बिखरते तारों को
निर्निमेष सा बस
देखता रहता है!

प्रेम

आओ बैठो इस खुली धूप में
पास
और करो ढेर-सी बातें
बिछा दो तुम
अपने प्रसंग
लेख, कविताएँ, चित्र
इतिहास, कल्पनाएँ,
इच्छाएँ-अभिलाषाएँ
इस फैली हरी घास पर
या
टाँग दो नीम के पेड़ पर
बरगद पर,
हरसिंगार या अमलतास पर
मिले जहाँ भी
थोड़ी जगह
थोड़ी धूप।

सब बता दो :
गाओ, नाचो
धीमे या उच्च स्वरों में
याकि चीखते हुए
सुना दो सारे भाव
सारे रस
फिर शान्त हो जाओ

और देखो उस हवा को
जो चुप सब सुन रही है
देखो उस घास को
उन पेड़ों को
जो सब बातों का बोझ लेकर भी
मौन है
देखो उस आकाश को
फिर देखो सूरज को ढलते
और धूप को हौले-हौले सरकते
और फिर पूछो उन्हीं से
क्या है प्रेम?
फिर भागो उस ढलती धूप के पीछे
और कहो :
करें आओ अब ढेरों बातें!

छिपी बसन्त

कौन इस भीड़ में चहकता है
जैसे मैना बोलती हो
धूप-छाँव के आगे पीछे
फूलों की क्यारियों के बीच
बसन्त की चुप्पी
अचम्भित करती है।

पीले फूलों में बिखरा सूरज
आते जाते लोगों को छूकर
पूछता है :
देखा है बसन्त को कहीं?

पर बसन्त चुप्पी लगाये
फूलों में छिपी
अपने को ही
निहारती रहती है
ऊपर सूरज
अपने माथे पर
आम्र बौर लगाये
बौराया सा
उसे खोजता
दिन-भर
बस घूमता रहता है!

प्राचीन अँधेरे

इस अँधेरे कोने में
कौन आकर बैठेगा पास
कहेगा मन-बतियाँ
यहाँ तो है चाँद
कुछ तारे और हवा
...आकर्षण नहीं।

सामने दुकानें हैं
चमक है
एक-दूसरे को साफ़-साफ़ देखते
स्वच्छ चमकीले परिधानों में लिपटे
कितने ही चेहरे हैं
जो दुनिया बनाते हैं
रिश्ते बनाते हैं
और प्रेम भी बनाते हैं।

इन बड़ी पुरानी प्राचीरों में
कितने ही पुरातन प्रसंग
चित्रांकन
कोने में दबी इच्छाएँ, आशाएँ
संवेदनाएँ
दुख
वायदे
दुराव, छलाव

बोलना चाहते हैं।

पर कोई अँधेरे कोने की तरफ़
देखता नहीं
वो देखते हैं
दुकानों में फैली रोशनी को
चुँधियाते चेहरों को।

हाँ ये अँधेरा कोना
अकेला ही रहेगा
चाँद और तारों के साथ
हवाओं में घुला
सदियों से अपने पास आने को अकुलाता
अपनी ही मन-बतियाँ कहेगा।

धूप और प्यार

गर्मी है तो क्या
गुलमोहर के फूल तो खिले हैं
ये तो कोई बहाना न हुआ
न मिलने का?

धूप में मिलते
तो छाँव भी खोजते
बैठते वहाँ कुछ क्षण तो
बोलते नहीं भी
निहारते तो सही
और फिर देखते गुलमोहर को
'धूप में भी प्यार खिलता है!'

यहाँ बैठे इस छाँव में
दिखते क्यूँ नहीं
फिर भी
खिले हुए
लाल, पीले, बसन्ती रंग?

दर्शन

कहो
पर क्यूँ
न कहने का भी तो
अर्थ जानो
पहचान मेरी
क्या बस
मेरे शब्द हैं?

दिखता है जो वही
दृश्य तो नहीं
ढूँढ़ती आँखें
जब समेट नहीं पातीं
सारा शृंगार
तभी तो
अप्रतिम प्रिया दिखती है।

दिखती है जो
वो कहाँ है राधा
और जो दिखता नहीं
वही तो है कृष्ण!

तनिक पास

झर जायें सारे पत्ते,
फूल
रह जाये बस ठूँठ
उड़ जाये सारी सुगन्ध
सुखों-दुखों का भास
नग्न खड़ा धूप में
फिर देखूँ अपनी छाया को
तनिक पास!

अलि सच

अलि आओ
इस रात्रि में करें भ्रमण
देखें चुप अँधेरे में खड़े पेड़ों को
सुनें उनकी पीड़ा, विरह, प्यास
आभास करें चाँदनी के
सूखे पत्तों पर बिखरे मोतियों को
बींध दें उन्हें एक माला में
पहन लें गले में और
बौराये से घूमते रहें
निरुद्देश्य
निर्वाक।

अलि!
कहाँ हैं प्रेम से भरे सोपान
मन जो कहे,
मोहे,
चितवन धरे...खड़े...ताके...
कहाँ हैं
सूनी आँखों में
मधुरिमा घोले
चाँदनी होठों पे सजाये
जमुना तट पर बैठे
राधा-राधा रट लगाये
मैं तो अब थक गया

टूट गया अलि
सच!

चलो इस अँधियारे से दूर
पहाड़ों के ऊपर
बर्फ़ की चोटियों के पार
मिलें श्वेत वर्ण धारी
गिरिवर महान से
कहें क्यूँ इस जीवन में
ये छन्द टूटने दिया
क्यूँ नहीं पूरी राग अबाध चलने दी?

अलि गूँजती है
निःशब्द सी...नाद ब्रह्म में समाती
एक धीमी पर गहरी ध्वनि
डूब जाने दो इस क्षण
अभी!!

करेंगे फिर और भी भ्रमण इस रात्रि में
बहुत-सी रात्रियों में
साथ...साथ!

बन्द खिड़की

खोलोगे खिड़की तो
आयेगी मीठी खुशबू
—तुमने कहा था।

कहा ये भी था
कि सुबह की हवा
रात के सन्नाटे से ऊबी
देखेगी तुम्हें
तो अनायास ही लिपट जायेगी,
पर ऐसा तो हुआ नहीं
मैं न जाने क्यूँ
तुम्हारे इस आश्वासन को सच मान
रात-भर जागता रहा।

खोली जब खिड़की सुबह
तो दिखे सूखे जूही, चमेली के झाड़
और दिखी
आकांक्षाओं के अँधेरों में घिरी
पीली हुई अपनी परछाईं
जो बड़े-बड़े विस्फरित नयनों से
एकटक देखती रही।

सुबह की हवा
पहली बार खिड़की से घुसी
और चुप खड़ी रही।

मैं अपराध बोध से भरा
अपनी ही परछाईं के समक्ष
बस मौन खड़ा रहा।

सुबह का सूरज और चाँद

शाम का थका सूरज
सुबह हँसता हुआ
पीले, लाल और गुलाबी रंग बिखराता
ये सोचकर आता है
कि तुम
किलकारियों से उसे छुओगे!

वो मस्त पेड़ों की पत्तियों पर चमकता
तालाब के बीच झाँककर
मछलियों को मीठी नींद से उठाता है
और कमलिनी
अपनी पंखुड़ियाँ खोल
अवाक् सी हर दिन
उसे उसी प्यार से निहारती हैं।

जंगलों के बीच
चिड़ियाओं का झुण्ड
एक ऊँची क़तार में उड़ता
सूरज की पहली किरन को
ऊपर ही रोक लेता है।
ढेरों बत्तखें पानी पर तैरतीं
उल्लास में भरी
अपने पंख फड़फड़ाती हैं।
सारी प्रकृति हर दिन तुम्हारे आने को

उसी आश्चर्य से देखती है
जैसे पहले कभी देखा न हो!

पर पेड़ों की पत्तियों से उतर कर
जब सूरज खिड़की से झाँककर
तुम्हें गहरी नींद में डूबा देखता है
तो उदास मन से
भारी-भारी क़दम उठाता
लौट जाता है,
तुम न उससे मिल पाते हो
न बात कर पाते हो
न देख पाते हो
न खेल पाते हो!

सूरज का हर रोज़ उसी उल्लास से उगना
प्रतीक है इसका
कि कुछ भी पुराना नहीं होता
बस पुराना होता है :
हमारा सोचना
—रहना
जो कुछ समय बाद एक बासीपन ले आता है
और हम सूरज के उगने को
एक नये पल की तरह
न देख पाते हैं
न जी पाते हैं।

सुबह सूरज का उगना
यूँ ही व्यर्थ कर्म नहीं
वो एक घटना है जिसे
सोते हुए हर रोज़
तुम खो देते हो।

और चाँद भी अकारण ही रात में
चुपचाप नहीं आया करता
दिन-भर की लुका-छिपी, धूप-छाँव से थककर
जब शाम को कुछ मौन होता है
तो पत्तियाँ चुपचाप बैठी ऊँघने लगती हैं
तब सारी प्रकृति अपनी भारी पलकों को
झपझपाती है
और प्यार भरी नर्म ठंडी उँगलियों से
चाँदनी तुम्हारा सिर सहलाती है
कि लोरियाँ सुनते-सुनते
तुम सो जाओ
और स्वप्नों में कोई परीकथा देखो!

बार-बार झाँकती है
वो तुम्हारे आँगन से
कि थोड़ी देर तो तुम अपनी आँखें मूँद लो
पर बहुत देर रुकने के बाद भी
जब वो तुम्हें किसी दुनियावी चमक के वशीभूत
जागता देखती है
तो वो भी निराश वापस चली जाती है
मन ही मन सोचती
कि कब स्वप्नों के द्वारों को तुम खोलोगे
और ऊँचे पहाड़ों
नीले आकाश को छूते
तितलियों की तरह पर लगाये
चम्पा के बाग के ऊपर उड़ोगे
जब तक चिड़ियों की चहचहाहट
तुम्हारी आँखें न खोले
और मुस्कान लिए
तुम सवेरे के सूरज को
अपनी बाँहों में भरने
अकेले
किसी रास्ते पर दौड़ते चलो!

बोलो अवधूत

क्या चुभा शूल...हुआ दर्द?
असमंजस में क्यूँ हो
दरवाज़े की झिरी से झाँककर किसी ने कहा,
एक टीस उठी
और चेतना के विस्तार को भेदती
आकाश में समा गयी।

अँधेरे की परतों में बिखरी पीली किरण कराही
और बबूल के वनों में बिखरे असंख्य काँटे
एक छोर से दूसरे छोर तक बींधते गये
सजे सँवरे वर्षों के स्वप्न-फूल,
कुछ छितरे,
कुछ टूटे तो कुछ चुभन की पीड़ा को
चुपचाप सहते रहे।

उधर बावड़ी पर जमी मोटी काई
अचेतन के भार में भुतही बनी
खींचने लगी अपने भीतर
बर्फ़ानी मटमैले पानी में...
बड़ी-बड़ी मछलियों की फटी-फटी आँखों में,
नीचे, बहुत नीचे
जहाँ विशाल भुजंग बैठ
निगल रहा है

पल-छिन...दिन...वर्ष
...सारा जीवन।

अवधूत
कैसे करोगे वैतरणी पार?

न जाने कब
रिसती रहीं चुपचाप अँधेरों की शृंखलाएँ
उजालों में अपने किये को
छापते...बताते...बतियाते।

दीमक लगती रही भीतर-भीतर
करती रही खोखला
समय की इस दौड़ में भागते-भागते
बस कहती रही सतह की चमक
सब ठीक है...भागते रहो।

विश्वासघात, ढकोसला, शब्द विन्यास
आकांक्षाओं का
अपेक्षाओं का वृहद् जाल
कब छोटा करता गया
पता ही नहीं चला।

टटोलो स्वयं को
पूछो सैकड़ों प्रश्न
कब कब किया स्वीकार
अंगीकार
छद्‌म मोह के स्वप्निल नयनों को
भवनों के भ्रमित प्रश्रय को?

क्या साँप को रज्जु समझ
दम्भ भरे सम्मोहन में

उलझते...उलझते समझे नहीं
जबकि सारा मायाजाल
चाँदनी रात में चमकता रहा।

दृश्य और द्रष्टा के विभ्रम में
सच बौरा गये हो तुम अवधूत,
बोलो...
कैसे होगी अब वैतरणी पार?

आखिर कवि हूँ

आखिर कवि हूँ
रखता हूँ एक कोमल ह्रदय
न करो बात
पर पत्थर तो नहीं मारो।

अट्टालिकाओं के स्वप्न हैं तो
जाओ सड़क पर खड़े
उन सभी को देखो
निकलें जो महलों से
बड़ी-बड़ी कारों से
और छोड़ दो इस कवि को अकेला।

कवि तो कभी गायेगा
कभी सजायेगा पत्थर, लकड़ियाँ, फूल
कभी रंग देगा काग़ज़ों को
तो कभी चुप हो देखेगा
हवा को
कभी वो मिलाएगा
राग बहार को जैजैवन्ति से
तो कभी नूपुर की ध्वनि को
रात के सन्नाटे में ढूँढ़ेगा
चाहो तो नाचो, गाओ उसके साथ

रंग भरो, रस भरो
या छोड़ दो पागल कह निस्संग!

बुनने दो उसे कल्पना से
पहाड़, नदी, तालाब
खिला देने दो स्वप्नों में उसे
चम्पकवन
ढूँढ़ने दो उसे अपनी प्रिया को
निविड़ वनों में
जीने दो कल्पनाओं में उसे
बस
उसके स्वप्न न तोड़ो!

सर्दियों के दिन

आओ धूप
बैठो पास
बड़े दिनों में आयी हो
चलो कुछ बतियाएँ :
"ये मुआ दुष्ट कुहरा कैसी घेराबन्दी करता
हटता ही नहीं दिन-रात,
वहाँ बैठे उन पत्थरों के पास
तुम नहीं आयीं तो हर रोज़
बस आग सेंकता था
आज आयी हो तो कितना अच्छा लगता है :
बीड़ी पियोगी?"
धूप कुछ बोली नहीं
बस अपने आगोश में लिए
पत्थरों पर लेट गयी
मौन...
स्मित हास...यही प्रत्युत्तर।

फिर स्वप्न-सखी प्रियतमा बन
माथा सहलाने लगी,
उधर सूरज आसमान तक चढ़
धीरे-धीरे उतरने लगा।

अचानक धूप अपने को समेट
भागी

और बैठ गयी नीम के पेड़ पर
पेड़ थोड़ा थिरका
पत्तियाँ सिहरीं
एक पुलकन सी
मीठी-मीठी सब ओर बिखर गयी
गिलहरी जल्दी से दौड़ी
और धूप भरी टहनियों पर
पैर फैलाकर लेट गयी
काँव-काँव करता एक कव्वा भी
शीशम के शिखाग्र पर जा बैठा।

धूप अब हँसी
और मैं डाह से भरा
शीशम को
गिलहरी को
तो कभी कव्वे को देखता रहा
कोसता रहा!

राग विराग

अनायास ही खुली खिड़की
छू गयी अकेले मुझ को
ठंडी हवा
फिर हुई बन्द ज़ोर से धम्म!!
खिड़की...,
मैंने तो कुछ भी नहीं कहा था!

हरि श्रृंगार

सखि चलें!!
उठते हैं वहाँ बबूल के गाछों के बीच
धूल के बवंडर
पर दिखती है फिर भी
वही छवि
दूरी है तो क्या
भाग कर
छू लेंगे।

इस भुवन में
कहाँ है दर्पण
कि निहारूँ और
अँज लूँ कजरा?

भर जाने दे सखि
धूल के कणों को
आँखों में
कि दिखे नहीं
कुछ और...!!

मुखरित हरीतिमा

हरीतिमा
फैलो और छा जाओ
दूर दूर तक
मुखर हो इन्द्रधनुष बन जाओ
और प्रेम विभोर हो
बूँदों के इस उत्सव में नाचो।

सब तरफ़ बिखरा है जीवन,
जीवन गीत
पर मृत्यु का स्पन्दन भी
छिपा हँसता है
देखता है जीवन के पीछे
पिरोता है कैसे
पल-पल को मोतियों की तरह
एक पारदर्शी हाथ!

हरीतिमा!
सावन है
झूले हैं
झूमते बादल हैं
ले चलो
हमें भी साथ
ऊँचे उस वृक्ष के शिखर से

छू लेने दो थोड़ा-सा आकाश
न करो इस पर
अभी कोई
विवाद
न दिखाओ
कोई कृपणता!

मधुमास

खिले हैं कुछ फूल इधर भी
पर आयी नहीं कोई चिरैया
धीमी-धीमी चलती बयार ने
देखा भी नहीं मुड़कर इकबार।

अधखिली कलियों से झाँकता
अधीर मन
ताकने लगा
क्षितिज के उस पार
फिर ले उसाँस बोला :
क्यों आया नहीं क्या
अभी मधुमास?

रे गन्धी मतिअन्ध

क्यूँ आकाश पर खींच इन्द्रधनुष
और लाल, पीले, गुलाबी तम्बू ताने
बैठे हो पहाड़ के छोर पर
कौन आयेगा?

यहाँ काली सड़कों पर
दौड़ती रहती हैं रंगीन गाड़ियाँ
दिन, साँझ, रात...
और फिर गड़ जाती हैं टेलीविज़न के पर्दे पर
वहीं से मालूम पड़ता है कि
होली, दिवाली, बसन्त
कब आयी, कब गयी।

मन कहाँ उचटता है
कहाँ ऊबता है
कहाँ खोया खोया
ख़ुद से ही बतियाता है
अब कहाँ हैं वो दिन?

क्यूँ बिछाते हो सुबह
पीली चमकती धूप
क्यूँ बटोर लेते हो फिर सब रंग
शाम होते-होते
फिर रात में कहीं चाँदनी

तो कहीं कालिमा ओढ़े
घूमते रहते हो
सुगन्धों की पिटारी
चादर में छिपाये
व्यर्थ ही क्यूँ
बिखराये जाते हो रंग?

उलझे हैं यहाँ सभी अपने-अपने में
क्यूँ फूँकेगा कोई घर अपना?

ओ बावरे
जाओ
न दो अब और निमन्त्रण
पहाड़ों पर
बैठे-बैठे!!

उन्मुक्त

आज छुट्टी है
चलें!!!
जूही के फूल तो खिलेंगे अगले माह
अभी तो फलता-फूलता नीम है
बैठेंगे उसके नीचे
करेंगे उल्टी सीधी बातें
हँसेंगे,
मुस्कुरायेंगे।

क्या ये ज़रूरी है
कि कुछ भाव हों मन में
एक विचार
एक चिन्तन?

फेंकते जायेंगे
मन की अटारी से
एक-एक कर सब कुछ
फिर जब भार विमुक्त हवा
नीम को छुएगी तो
नीम भी हँसेगा हमारे
साथ-साथ!
तो क्या चलें
बैठें नीम के नीचे?

ढूँढ़ो रंग पिया

कितने ही फूल खिले हैं इस ऋतु में
रंगों ने जैसे फैला दी हो होली
सारे वातायन में।
हम भी चलो खेलें होली
छिप कर नीले रंग में
पोत दें गुलाबी रंग के गालों पे नीलाभा
और डर के कमरे के भीतर छिपे
श्वेत फूलों पर
छोड़ दें लाल रंग की फुहार
फिर रंगों की क़तारों के साथ-साथ चलें
दूर तक...क्षितिज तक
और वहाँ फैले इन्द्रधनुष पर
चुपचाप लेट जायें!

मन का दुख

कहाँ सागर विशाल
ढूँढ़ो तो पाओ नहीं छोर
और कहाँ इस नदी के सपाट तट
कूद के तैरो और
पहुँचो उस पार,
इस छोटे हो जाने की घुटन
कौन समझता है?

कौन जानता है मन का दुख
जहाँ अँधेरों की संकीर्णता
धूप का दम घोंटती
सूरज को बस एक बाती बना देती है
और उस क्षण
कहीं भी
कोई राह नहीं सूझती।

चढ़यो प्रेम सोपान

सागर के किनारे रेत पर बैठे
चलो करें प्यार की बातें
रहें कुछ देर चुप
लेने दें लहरों को गहरी साँसें
पड़ जाने दें पानी की बूँदों को
सीपी के मुँह में
और फिर देखें खुली आँखों से अपलक
इक दूसरे को।

अब क्या ज़रूरत है
दरवाज़ों की
खिड़कियों की
रोशनदानों की
कानों में फुसफुसाने की
छिप जाने की
कसमसाने की।

यहाँ हवा चलती है ज़ोर से
तो बाल खुलकर बादल बन जाते हैं
जहाँ चिड़ियाओं की तरह शब्द
उड़ते हैं तो
उभरते हैं स्वर, संगीत।

इधर-उधर, यहाँ-वहाँ
क्यूँ ताकें झाँकें
चाहें तो छू लें गालों को
चूम लें होंठों को
या
निर्वस्त्र हुए
लपेट लें
रेत की चादर सधुक्कड़ी।

फिर भागें, नाचें, चीखें
गायें, हँसें, रोयें
या
रात की नीरवता में
समुद्र के साथ करें बातें।

सब कुछ हो
पर आये न कोई बाधा
शिथिल न हों बन्धन
सकुचाये न मन
झिझक कर रुक न जायें किनारे पर
बुलाये जब सागर
और करें आमन्त्रित निस्सीमता
खोल लहरों के पट!

माँ

अब शिशु-सा सो जाने दो
न आओ वंचनाओं तुम पास
करो नहीं अब शोर!
व्रण थे हाँ
दुखों ने भी किया था क्लान्त
पर छाँव में थी धूप भी
साथ भी था
न था जब कोई पास।

हँसता रहा था
वो दूर बैठा
जब भरी थी आँख
खेल था—
थी कहाँ जीत
कहाँ हार?

बीत चुकी अब शाम
कर चुके टंकार
मन्दिर के बड़े घण्टाल

छप चुके आँगन में अब
चाँदनी के हाथ
माँ आओ बैठो सहलाओ सिर

कहो फिर कोई कहानी नयी
कोई नयी बात
मूँद दे जो पलकों के द्वार
कि सो जाऊँ
निःशंक चुपचाप
तुम्हारे पास!

नहीं था भ्रम

कहो तुम
न था प्यार अपना
रेत की दीवार
धूप-छाँव
या
मोहक क्षणिक बयार!

बीते थे कई वर्ष
पाया था तब
सतह के भीतर
बहुत भीतर
एक आधार
फेंके थे
अँजुली भर-भर
ढेरों कंकड़-पत्थर
टूटे वृथा अम्बार
तब चमके थे
स्वेद कण
नक्षत्रों समान।

था बना भुवन यूँ
हुई प्रतिष्ठित प्रतिमा वहाँ
न था दम्भ वो
छद्म या भ्रम

या कि
मरीचिका लुभावनी!

क्यूँ हुई ध्वस्त प्रतिमा
टूटे क्यूँ प्रस्तर से दृढ़ स्तम्भ
व्यथित मन सोचता
रहा क्या जीवन का सार अब?

चमकता नक्षत्र एक
चिर तिमिर में शान्त
नभ में टिका
बस उकेरता
सतह पर सागर के
कुछ चित्र
कुछ आयाम
कुछ शब्द
पर भीतर होते
लहरों के क्रन्दन पर
टप-टप बहते अश्रु
पूछते :
न बोलो प्यार अपना
भ्रम था चाँदनी का
या स्वप्न-सा था
बीता हुआ
कोई संवाद!

दीप दान

हाँ है नभ के पार
मन्दिर एक विशाल
करती है जिसे सुशोभित
नक्षत्रों की दीप-माल।

करता है प्रदक्षिणा उसकी
लोट-लोट कर
सागर का अमित विस्तार।

देख छटा उसकी एकटक
हो न जाये भ्रमित मति
खींच देती है पट
श्वेत भ्रमरों से बिखरे
बादलों की इक क़तार।

क्यूँ करते हो तुम शोर
क्षुद्र घण्टिकाओं का
इस तट पर
करते हो क्यूँ दम्भ भरा दीप दान?

इस मन्दिर में सिमटे
जलाते हो जब एक दीप
तो इस
विराट पावनता के समक्ष
करते हो क्या कभी
अपनी लघुता को भी स्वीकार?

प्रथम अभिव्यक्ति

खिले हैं बौर
उत्सव है प्रथम यह,
मोर नाचेंगे
करेंगे अब भ्रमर गुंजार
छुएँगी भोर की किरनें
लुभाएँगी हवाएँ भी
पर भूलना मत कभी तुम
शुभ्र इस क्षण को
मुखरित हुई थी जब
पर्णों की प्रतिश्चर्या
अभीप्साओं का मधुरिम मौन!

तुम बढ़ोगे और
छुओगे नभ प्रभा इक दिन
झकझोरेगी तुम्हें आँधी अगर
तो सहलायेगी मधु-मल्हार भी
धूप झुलसायेगी कभी तो
छाँव भी आँचल में ले लेगी
झड़ जायेंगे सब पात जब
हो अकेले भी तो मत भूलना
तुम इस दिवस को
अभीप्साओं ने जब
था तुम्हें चूमा
बढ़ाकर हाथ
पहली बार!

प्रेम डगर अनमोल

चलो इस बार चलें दुपहर में
ढूँढ़ने फूलों भरा अमलतास
चलेंगे दूर तक
तो रहें चुप भी
फिर भी कुछ बात तो होगी
मिलेंगी निगाहें
तो कुछ स्वप्न भी बनेंगे
यूँ तो दूरी बहुत नहीं
पर चलेंगे धीमे-धीमे ही
जल्दी भी क्या है
अमलतास तो इक बहाना है,
चलेंगे तब तक
जब तक कि चिलकती धूप में भी
लगे कि कुछ और चलें इतना
कि अमलतास कभी आये नहीं!

मन तो यूँ फिरता ही रहता है
चीड़ वनों के बीच नदी के किनारे
नीले असीमित विस्तार में
और अपनी ही कल्पनाओं में
खोया
अपने पर ही मुग्ध
अपने आप को ही गुदगुदाता
हँसता रहता है।

फिर कभी रेत के टीलों के बीच
अचानक गहरी प्यास लगती है
होठ सूख जाते हैं
और दूर तक कोई स्रोत दिखते नहीं
तब और तब
लगता है अभी तक मन ने अपनी आँखों से
जो भर भर कर देखा
वो अधूरा था
चीड़ वनों और नदी किनारे
मेरे साथ क्या
कोई चला था
किसी ने मुझे छुआ भी था?

जान पाता तब
तो कहता नहीं तुमसे आज
वर्षों बाद
चलोगे इस धूप में
क्या मेरे साथ
ढूँढ़ने फूलों भरा अमलतास?

आओ बैठो पास

अब क्या बोलोगे
बोल तू चुकी है
सागर की लहरें अनवरत
आओ बस बैठो पास।

क्या बनाओगे चित्र अब
बना तो चुके हैं
बसन्त के झूमते फूल
नयनाभिराम अमिट रूपगर्भा
नायिका तुम्हारी,
रंगों को करने दो अब विश्राम
आओ बस बैठो पास।

क्या गाओगे तुम बोलो
रिमझिम बूँदों ने
कण-कण में घोल दी है सरगम
सुनो उन गीतों को अभी
आओ बस बैठो पास।

क्या करोगे शब्दों का अब
सुन तो लिया मौन में
निःशब्द प्रतिध्वनियों को
वो देखो
प्रेम कैसे स्वर्ण सोपान चढ़ा
छू रहा है आसमान
मौन रहो बैठे
आओ
और तनिक पास!

छुपन छुपाई

चाँदनी देवदार के पत्तों से सरकी
तो चुपचाप घर की मेढ़ पर बैठ गयी
सोचती : क्या करूँ?

उधर चाँद भी बादलों में उलझा हुआ
अँधेरे में जहाँ तहाँ
उजाले की पैबन्द लगाता
सोचता : क्या करूँ?

एक अजीब चुप्पी-सी
सारी घाटी में
धुन्ध बन छाती रही
टप-टप ओस की बूँदें
टीन की छत पर शोर करतीं
छीनती रहीं
मौन में डूबे
कितने ही पल।

फिर अचानक वो उठी
श्वेत वस्त्रों का अभिसार कर
आ बैठी
खिड़की के बहुत पास
रजत केश राशि फैलाये
आँखों में स्वप्न बुनती।

फिर वो मुस्कुराई,
चाँद जैसे किसी तन्द्रा से जागा
और बादलों को चीरता
नीले आकाश पर छा गया
ढूँढ़ता रहा फिर वह
रजत मुकुट लगाये
सैकड़ों तारों का प्रकाश लिए
अँधेरों को बींधता
—अपनी प्रिया को!

पर चन्द्र-प्रिया
खिड़की के पास से हिली नहीं
लुका छिपी के इस खेल में
रात के प्रहर बीतते गये
फिर धीमे-धीमे अपने परिधान
समेटे
पलकों के गहन सम्मोहन को बटोर
वह उठी
और बोली—'धप्पा'

जब तक चाँद समझ पाता
सुबह की किरनों ने हँसकर कहा
हार गये...
फिर ढूँढ़ना कल।

ठगा सा चाँद
बस देखता रहा
चाँदनी मुस्कुराती
विजयी भाव से चिहुँकती
पहाड़ों के पीछे
छिप गयी!

ओ छोटी चिड़िया!

(1)

रातभर बजते तानपुरे पर
कल तो भोर ही में
छेड़ दी थी तान
मन भावन
कहाँ हो आज?

हो चुकी भोर कब से
रुक गये
हाथ क्यों
थम गयी क्यूँ तानपुरों की तान?

तो क्या था वह
बस स्वान्तः सुखाय ही?
मन ने कहा
तभी गाया,
पर जानती हो
सुख मिला है किसी और को भी
सुख बँटा है
फैला है
छुआ है उसने अन्तः सुवास को।

न बाँधो अपने स्वरों की गठरिया
न हो आशंकित

ओ छोटी चिड़िया
स्वार्थ का पर्याय तो नहीं है
सुख अपना?

(2)

उठा स्वर मन्द
फिर होता गया तीव्र...तीव्रतम
गला ही जब तक
हुआ नहीं अवरुद्ध
ढूँढ़ते हो किसे
खोई है क्या प्रिया
इस निगूढ़ वन में?

(3)

यहाँ तो लगता है गाते हैं सब
अपनी-अपनी डफली, अपना-अपना राग
कहीं अबाध...बिना अन्तराल के
बजता जाता है झप ताल
तो कहीं रुकती ही नहीं
सरगम...सा.रे.ग....
कहीं कलरव
कहीं टेर
कहीं टप्पा
कहीं ठुमरी
कभी भ्रम होता है बाहर हैं ये स्वर
या गूँजते हैं कहीं भीतर ही
इतने रस भला
कैसे कोई
एक साथ झेले
ओ विधाता
धन्य है ये सृष्टि तुम्हारी!

(4)

इधर मैं टेरूँ
उधर तुम
मेरी अधूरी पंक्ति का
—अभिप्राय जान
करो तुम पूरी
चलने दो ऐसे ही जुगलबन्दी
इस दोपहर में
और कुछ
सम्भव भी तो नहीं!

(5)

आओ
क्यूँ बैठी हो उस डाल पर
मैं भी हूँ अकेला यहाँ
नि:शब्द...!

(6)

उड़ती हो आसमान में
फिर बैठ जाती हो
उत्तुंग शिखरों पर
फिर उड़ती हो
क्षणैः क्षणैः
ये क्रम रुकता नहीं,
देखती हो राह क्या बादलों की?
निर्मम होता है क्या प्रेम इतना
देने पड़ते हैं क्या इतने प्रमाण
स्नेह...
क्यूँ किसी के काँधे पर
सिर टिकाये

करते हो
इतना विश्वास?

(7)

बाहर बैठने का बहाना है यह
देखता हूँ तुम्हें
या दूर बिखरे घने बालों पर
गुँथे मोगरे के फूलों का गुच्छा,
चली क्यूँ नहीं जातीं
इस बगिया को छोड़
उस घने वन में
जहाँ हाथ को हाथ नहीं सूझता
और बैठ क्यूँ नहीं जातीं
उस महकते मोगरे के गज़रे पर?

(8)

उलाहना क्यूँ देती हो
बस बेचारी चुप ही तो बैठी है
तुम मुखर हो तो क्या
मौन भी तो सौन्दर्य है
उसे गहने दो चुप अपनी भाषा
और प्रिय हो तुम्हें तो
और चाहो तुम तो
कूकती रहो...!
इस बगिया में
करो तुम अपने मन की
करने दो उसे भी
अपने मन की!

(9)

मोर नाचते हैं
तुम भी नाचो
मेघ ऋतु की पहली बूँदें हैं
मोर नहीं हो तो क्या
हर्ष तो वही है
अपने छोटे-छोटे पंखों को फैलाकर ही नाचो
छत पर नाचो
आँगन में नाचो
फूल और पत्तियों पर नाचो
मिट्टी की सोंधी खुशबू में नाचो
घास के तृणों पर नाचो
नाचो और बस नाचो
फिर कहो...
तिमिर वेला ढल चुकी
विरह वियोग मिट चुका
कहाँ हो तुम प्रिय?

(10)

पहले बादल छाये तो
सब बरबस चुप से हो गये
फिर वो गरजे तो
एक मौन-सा छा गया
औत्सुक्य असंख्य नयनों से
आकाश को निहारता रहा
फिर टपकी एक बूँद
फिर दूसरी
और फिर ढेरों एक साथ
टप-टपा-टप-टप
गिलहरी जो अभी तक घास पर बैठी
फुदक रही थी

पेड़ की खोह में छिपने भागी
पत्तियाँ ढाल बन
झेलने लगीं बूँदों के मधुरिम प्रहार
लतिकाएँ पेड़ों से
और कसकर लिपट गयी
ऐसे में
कहाँ से दुबक कर
झाँक रही हो तुम
ओ छोटी चिड़िया?

अब मिलनो नहीं हमार

एक पत्ते ने कहा :
लिखोगे क्या एक कविता
मुझ पर भी?

क्यूँ नहीं प्रिय हो तुम भी मुझे
बस हो आऊँ
उस घाटी के पार
छू आऊँ नीचे बहती नदी
फिर चढ़ूँ ऊपर
और बना लूँ बर्फ़ के घर
छिपा लूँ कुछ बादलों के स्वप्न
फिर आऊँगा
तुम्हारे पास
और लिखूँगा एक
अद्भुत कविता।

बीतते गये दिन रात
सावन, भादों, शरद
और बसन्त,
फिर पतझड़....
आ गया देखो मैं
कितने ही अनुभव लिए
चुन चुन बनायी है
पोटली शब्दों की

अब लिखूँगा
एक कवित्त तुम पर।

पत्तियों के बीच
बिखरा रहा स्तब्ध मौन
कोई न था वहाँ
कहने
अब अपनी वेदना...!

इस क्षण ओ जीवन

हाँ तो क्या हुआ
डूब गये सब स्वप्न
अथाह सागर में?
हाँ डूबा तो बहुत कुछ
पर अभी भी कुछ तिरते हैं
लहरों पर
बहुत हैं वह भी
इस जीवन में।

हँसती हो टिटहरी
पर डूब जाने का दुख
अब सालता नहीं
पर भला क्यूँ तुम यहाँ
जहाँ मैं हूँ एक अजनबी
और देख रहा हूँ चुप
सागर का अनवरत विलोड़न,
वहाँ दिलाती हो याद
कि कितने ही जीवन संकल्पों को छोड़
मैं कैसे आगे बढ़ता गया
भूलता गया...रीतता गया
और बन गया बस एक ठूँठ!

छुओ बार-बार
सागर की लहरों को

दो उलाहना टिटहरी
पर यहाँ मुझे कोई जानता नहीं
ये लहरें भी मेरी परिचित नहीं

बहती सुबह की बयार
पोर-पोर में
भर रही है एक नया आश्वासन
कुछ स्वप्न ही काफ़ी हैं जीने के लिए
कम से कम यहाँ
और बस
अभी!

स्वीकारोक्ति

कोई नहीं सुन रहा यहाँ
बस कुछ कबूतर हैं
हवा है
सागर की हिलोरें हैं
कह दे :
'तुमसे प्यार है!'
...अवधूत!!
भस्म लगाये अब क्या होगा
सवेरे ही
गुड़हल के सुर्ख लाल फूल ने
तोड़ दिया है भ्रम
आसक्त हुआ
अब कहाँ भटकेगा?

मोह...
मन्दिर के कँगूरों से
बुला रहा है
जल रहा है एक दीपक
तेरी प्रतीक्षा में
विलम्ब न कर
पार कर ले बस दो सोपान
शिवालय है वह
स्वीकार कर
और कह दे

चीख चीख कर
हाँ ये सच है
वियोग की पीड़ा में
बस तुम्हें ही निहारता रहा
अनुहारता रहा
भूला नहीं कभी इक पल भी
आज खड़ा हूँ तुम्हारे द्वार पर
अकिंचन!

ओ महाअवधूत!
करोगे नहीं क्या स्वीकार?

मिलन : वियोग

(1)

सागर की लहरें :
तुम उठीं
मिलीं
बिछुड़ीं
फिर चली गयीं बहुत दूर!

मैं मिला
बिछुड़ा
फिर चला गया बहुत दूर!

(2)

पल पल वियोग विरह
दुख...महादुख
पल पल मिलन
सुख...महासुख
आने वाली लहरों की प्रतीक्षा
और उसके बाद
सम्भावनाएँ
और स्वप्न!

गोपी झुलाये...झूलना

कितनी ही नदियों, जंगलों
और पहाड़ों को पार कर
हिमाच्छादित शिखरों के
उस पार
तुम्हें ढूँढ़ ही लूँगा
संकल्प है तो
तुम्हें पा भी जाऊँगा।

कितने ही वर्षों के
इस निरन्तर प्रयास में डूबा
एक पल बैठा तो
पहले दबी-दबी एक हँसी
सारी घाटी में फैल गयी
फिर वो उठी
और दूर बर्फ़ीली चोटी पर
सतरंगी इन्द्रधनुष बन
नाचने लगी।

देर तक पत्थर पर बैठे हाथ
सुन्न हो गये
नुकीले पत्थरों की चुभन ने
धीरे से पूछा :
क्या हुआ?
एक शंका सी कहीं भीतर उठी

और औत्सुक्य से भरे
विस्फरित नेत्र
इन्द्रधनुषी नृत्य देखने लगे,
अपने को विभक्त,
निस्सहाय जान
मैं चुपचाप बस बैठा रहा
देखता रहा
सुनता रहा।

कहीं दूर एक रूठी चितवन
भागती भागती यमुना के पार
रेत के ढेर पर बैठ गयी
उधर नागचम्पा के दम्भ रूप को देख
पास आती चाँदनी
रुक कर एक कोने में छिप गयी।

तब बंसी की धुन
धीरे से कदम्ब से उतरी
और यमुना की लहरों पर
तैरती तैरती
रेतीले टीलों पर
गुदगुदी सी करने लगी,
हँसी बेला, चमेली, जूही
अनुहारते कदम्ब के फूल
यमुना तट पर बिखर गये!

मनुहारते बंसी के सुर
कुछ क्षण तो अपने ही माधुर्य में डूबे रहे
फिर हुई इक रुन झुन
उठी रेत के टीले से फिर हौले हौले
बिखरी फिर इस पार...उस पार

बंसी के सुरों पर नृत्य करती
रास...महारास!

शान्त और सौम्य नीलाभा
बेला और जूही के गुँथे
नीलायन में
स्वमेव...सहज
झूलने लगी।

इधर भी एक हवा चली
और मैं
ढलानों और हिम-शिखरों के बीच
अनायास ही
विमुक्त सा
झूलने लगा!

समय होगा तभी तो

समय होगा तभी तो
देख पाओगे
और एक भीड़ में भी
चुन पाओगे
शब्दों को।

समय होगा तभी तो
बरामदे में बैठे
देखोगे आते जाते लोगों को
भावों को
दुखों को
स्वार्थ को
लोभ को
घृणा को
प्रेम को
टटोलोगे अपने को भी यदाकदा।

समय होगा
तभी तो
अपने बगीचे में जाकर देखोगे
हरी घास ने कैसे सारी क्यारियों को ढक लिया है
और नन्हे पौधे अपने हाथों से उसे हटा हटाकर
संघर्षरत हैं कुछ धूप पाने।

समय होगा तभी तो
छत पर चढ़कर देखोगे
कैसे कबूतरों का झुण्ड
गुटरगूँ करता सामने के झरोखे तक
उड़कर बैठता है
और फिर वापस छत पर आकर
एक नयी मन्त्रणा करता है,
यह भी देखोगे कि कितनी अट्टालिकाओं ने
आकाश की नीलिमा को ढक लिया है
और धूप छत की मुँडेर पर
अब कुछ देर से आती है।

समय होगा तभी तो
देख पाओगे घर में बढ़ते सामानों की भीड़
और उसमें दबी अपनी साँसें
उड़ती इच्छाएँ
जो दृष्टि को मकड़ी के जालों से बाँधकर
झाड़फानूस की तरह लटका देती हैं।

समय होगा तभी तो
जान पाओगे
कैसे उपलब्धियों की ऊँची प्राचीरें
समय को एक दायरे में समेट कर
न सुबह, न शाम को
दरवाज़े तक आने देती हैं
और एक अँधेरा आँखों को चुँधियाता
सच लगने लगता है।
समय होगा तभी तो
गलियों में भटकोगे
टटोलोगे अपने अनछुए कोनों को
और फिर एक चाय की दुकान पर बैठ
सोचोगे

कितना व्यर्थ भार सिर पर लिए
घूमते रहते हो
अपना एक चेहरा बनाये रखने के लिए।

समय होगा तभी तो
बुन पाओगे ताने बाने
उकेर पाओगे कुछ प्रसंग
भर पाओगे विविध रंग
वरना यूँ ही बीत जायेंगे
ऊपर-ऊपर
उड़ते-उड़ते
अन्तरमन से अनछुए
अनभिज्ञ मरीचिका से
जीवन-क्षण!

हवा कुछ कहती है

यह हवा कुछ कहती है
बोलती नहीं
पर छूती है
चलती है साथ-साथ
उसके हाथों में छिपी सुगन्ध
जादू की तरह
डूब जाती है बहुत भीतर
टटोलती है अँधेरे में वो
तारों से चमकते
श्वेत फूल,
फिर आँगन में बैठ
मन्द मन्द मुस्कुराती है
पर कुछ बोलती नहीं।

यह हवा कुछ कहती है
तो सुनते क्यूँ नहीं
वो चल रही है जब साथ-साथ
तो थाम क्यूँ नहीं लेते उसका हाथ
स्पर्श होगा
पुलकन होगी
झड़ेंगे, बिखरेंगे कुछ फूल
तो बहेगी सुगन्ध भी
लगेगा नहीं तब क्या
कि पैरों में पंख लगा

बहो तुम भी साथ-साथ
मिट जाने दो समय के प्रतिबन्ध
लाँघ जाओ सीमाएँ
तोड़ दो सारे बन्धन
आखिर हवा ने कहा है
तुमसे...आज
'कुछ'...!

अनन्तता

यहाँ विस्तृत फैला उजियारा है
शान्त जहाँ बैठे-बैठे मन ऊबता नहीं
सब कुछ दृष्टिगोचर होता है
कोई दुविधा नहीं होती
मन चाहता है तो हँसता है
नहीं तो मौन चितवन
आश्चर्य में डूबी रहती है।

कैसी अजीब जगह है यह
जहाँ डूबने के बाद सूरज
एक दीप में सिमट
तुलसी के चौबारे पर
चुपचाप जलता रहता है
जबतक कि सुबह का बुलावा न आ जाये
और रात की थकान से चूर
चाँद, चाँदनी के फूलों पर बिखरा
बेखौफ़ सोता रहता है।

आकांक्षाएँ यहाँ से कहीं दूर
निविड़ वन में छिपी
जंगली जानवरों की तरह
घूरती रहती हैं
इस विस्तृत उजियारे के
पास नहीं आ पातीं।

यहाँ मन विभक्त नहीं करता
समय को,
कई वर्ष जैसे
एक पल की तरह बीत जाते हैं
सब कुछ हमेशा नया सा बन
मन को कुरेदता रहता है
एक स्पन्दन
एक स्मित
अक्षुण्ण सा
सब ओर छाया रहता है!

उम्र के पार

अभी कोई उम्र है भला
बीती बातें बताने की
रहने दो अभी मन की बातें
मन ही में।

न मिलें किताबों में सूखे फूल
तो क्या
कुछ कोने तो मुड़े होंगे
धुँधले पड़े हर्फ़ों में जब
कोई तस्वीर उभरी होगी।

न दिखे अब खिड़की से चाँद
तो क्या
टूटे हुए शीशे की नाराज़गी
तो अब भी वैसी ही तंज़ है।

और छत का वो कोना
है अब भी वैसा ही अनछुआ
बस उग आया है एक दरख़्त
बैठती है पर अब जहाँ एक मैना,
भला ये भी कोई उम्र है
छत पर न जाने की
गली के नुक्कड़ पर बैठ

इन्तज़ार करते
चाय न पीने की?

न आये वो तो क्या
हवाएँ तो वही हैं
फिज़ायें भी कोई बदली नहीं हैं
—हाँ ये ठीक है
गोया अब
ऊँची उठ गयी हैं इमारतें
और चाँद कब आता है
पता ही नहीं चलता।

सदा नीरा

कितने सागर
कितने पोखर
कितने कुएँ
समाये हैं तुझमें

टप-टप कर रिस-रिस कर
करते हैं तृप्त असीमित प्यास
पर रीतते नहीं
सहस्त्रों वर्षों से
चलता है यह क्रम अबाध।

उलीचते हाथ तुम्हारे क्या थकते नहीं
पायी है बोलो कहाँ से यह सिद्धि
या ये भी है कोई वरदान
कि रहो सदा नीरा!

रूप-रंग : धूप-छाँव

कहीं चमकती धूप
बादलों में उलझी
जल्दी से भागना चाहती है
अपने वस्त्र समेट।

कहीं मटमैले, बादल
बोझिल, झुके-झुके
बरसना चाहते हैं।

दूर पूर्वा में शान्त नीलिमा बिखरी है
जैसे चुपके से आकर समुद्र
आकाश पर लेट गया हो
उधर प्रतीचि में
पीले, सुनहरी, गुलाबी
सुरमई रंग
कहीं जम कर बैठे हैं
तो कहीं लेटे हैं
बेलौस...
बेखौफ़!

कहीं पास चाँद भी मौन बैठा
कर रहा है धुँधलके का इन्तज़ार
ऐसे में चलती है
तेज़ हवा

सब तितर बितर हो जाता है
देवदार और चीड़ के पेड़
झूमने लगते हैं
जंगल में लगी आग का धुआँ
बादलों में बदल जाता है
मटमैले बादल दो-चार बूँद टपका कर
भागते हैं
छितराये रंग भागते बादलों के पीछे
छिप जाते हैं
और वायु-देवता अपने अस्तित्व को
सब ओर बिखरा देख
विजयी भाव से मुस्कुराता
पर्वत की सबसे ऊँची चोटी पर
विराजमान हो जाता है!

अकेलापन

सागर
हो तुम असीमित, अथाह
विपुल जलराशि से आप्लावित
गतिमान निरन्तर
पर क्या इस अन्तहीन मौन में कभी
अकेलापन सालता तो नहीं
या कहीं सीमाहीनता के विभ्रम में
स्वयं को तो नहीं भूल गये
वरना क्यूँ उछल-उछल कर झाँकते हो
इस ओर
तुम्हारे इस प्रयत्न में
पत्थर टूट-टूट कर
रेत के ढेर बनते जाते हैं।

क्या कोई वनिता गजरा लगाये
तट पर बैठी अकेली,
तुमने देखी नहीं?
और जब कोई बालक गुब्बारा लिए
रेत पर भागता है
तो क्यूँ उसे छूने
तुम दूर-दूर तक लहरों को फैला देते हो।

क्या अपने ही रूप में सारी सृष्टि देखने का

यूँ अपने को पहचानने का
मन तो नहीं ललचा रहा?

न सोचना ऐसा
न करना कभी ऐसा
उसने सोचा था तो
बनी थी ये सृष्टि
तुम सोचोगे तो
बस तुम ही होगे
और कोई नहीं
रहो भूले ही अपने को
अपने में
झाँको यदाकदा
पर अपना मोह और न बढ़ाओ!

चिरन्तन

छिटक कर कहीं दूर
अपने ही जीवन का इक हिस्सा
जब खो जाता है
तो भला उसे कैसे याद कर सकते हैं?
भीतर समाये अपने ही तत्व
चुपचाप दिन रात बस उसे ढूँढ़ते रहते हैं।

यादें तो बस
सतह को कुरेदती हैं
समझाती हैं स्वयं को ही :
कभी उसका नटखट बचपन
कभी भोली मुस्कान
तो कभी ठहाके मारती हँसी
याकि कृतित्व में डूबा गम्भीर चेहरा
और उपलब्धियों का ढेर
मनस पटल को
आर्द्र बादलों में घेर लेता है
और पलकें बोझिल हों
बीते स्वप्नों को टटोलने लगती हैं,
पर कहाँ मिल पाता है
अपना ही वो हिस्सा
जो अब समाया है अवचेतन में!

पर यह सब देखने का भाव ही तो है
जीवन तो कहीं खोता नहीं
कहीं दूर भी नहीं जाता
बस रूप बदल कर
वो कहीं अपनी ही आँखों में
भंगिमाओं में
विचारों में
चिन्तन में
बिखर जाता है
फिर अपने ही आत्मन् में बैठा
वो मुस्कुराता है
कहता है :
'मैं यहीं तो हूँ
तुम्हारे पास
भला कहीं अपने जीवन को भी
कहीं खोया जाता है
या कि
याद किया जाता है!'

सृजन

शब्द
उकेरो नभ की नीलिमा
बादलों के सीमाहीन विस्तार
प्राची-प्रतीची के सोपान स्वर्णिम
और गढ़ो प्रतिमाएँ अप्रतिम
अलंकृत करो उन्हें उपसर्गों से
उपमाओं से
ध्वनित करो सुरताल से
क्या बनी कोई कविता?

पर मन तो चुप बैठा
डूबा देखता है
वह आश्चर्य जो फैला है
नभ के इस छोर से उस छोर
पर कुछ कहना नहीं चाहता।

मेरे ही शब्द
मेरे नहीं
फिर क्या मैं जो दिखता हूँ
वो भी
क्या मैं नहीं...?

बोलो बाबूजी!

धूप की पहली किरण
खिड़की की चौखट से
रोज़ की तरह झाँकी :
बाबूजी...?
फिर रुआँसी देर तक
पलँग के कोने में
बैठी रही!
* * *

यह मेरा शिवालय है
स्तवन करने आती है जिसे
पहली स्वर्ण किरण
बजाते हैं यहाँ
पत्ते खड़ताल
करती हैं चिड़ियाएँ
झंकार
करता है मन
जैसे नृत्य
पर्वत शिखाग्र पर
शिव की गोद में हूँ
मस्त हूँ!
* * *

चलो...
'आई एम रैडी!'
हमेशा कहा...
पर जब जाना था
तब भी...?
* * *

सुबह सुबह
हवा के एक टुकड़े ने भी
परदे को हिलाया :
'कहाँ हैं...?'
फिर खड़का बाहर
एक सूखा पत्ता
देर तक फिर
अपलक वो
बस देखता रहा!
* * *

मेरे लिए लाना मत कुछ भी
और अपने लिए भी
बस वही
जो हो आवश्यक,
ये कहा :
चूमा मेरे गालों को दो बार
जैसे भरे हृदय से
जाते हुए दिया हो
मनभर आशीर्वाद
गर्म होठों की वह बात
मैं समझा नहीं
क्यूँ?
* * *

'आइये विवेकानन्द जी...!'
बिस्तर की सलवटें
कील पे टँगा थैला
सुई धागे से सिले लिफ़ाफ़े
करीने से चिपकाई
फटे किताबों की जिल्द
और कमरे में फैली
प्यार भरी बाल सुलभ मुस्कुराहट
...जैसे सब बुलाती हों।
'जी...
श्री चरणों में प्रणाम!'
फिर झाँकता है
खिड़की से
हवा का झोंका
...हरा वृक्ष
फिर फैलती है
एक भीनी सुगन्ध
समाती जाती है
जो भीतर
बहुत भीतर!!
* * *

कौन कहेगा
हो जायेंगे
जब सब विमुख
'मैं हूँ तुम्हारे साथ'
किया है तुमने वही
जो था सच।
और
बोलेगा अब कौन?
कि ठीक नहीं यह तो
है यह तुम्हारा स्वार्थ

थोथा अभिमान।
कौन समझेगा
मन के अकथनीय सन्दर्भ
इस मायावी, इच्छामयी,
छलावेभरी दुनिया में
बोलो...
बाबूजी!
(पिताजी के विछोह में)

फिर तुम्हारी याद आती है तो!

क्या हुआ?
मरुस्थल में तेज़ हवाएँ चलती हैं
रेत के टीले बिखर कर
रेतीली आँधी बन जाते हैं
वर्षों से बसे घर
रेत में दब जाते हैं
एक उसाँस सी
उखड़ी-उखड़ी
सब देखती है चुपचाप।

उधर सन्नाटे बुनते हुए
जंगलों के बीच
कोई पेड़ों को तोड़ता
बेदर्दी से फूलों को नोचता–
रौंद देता है
छोटे-छोटे पौधों को
टहनियों को,
पत्तियों को,
जैसे कुछ नहीं रहता...
पलकों में
विध्वंस के आतंकी अँधेरे
बस साँय-साँय करते रहते हैं,
क्या हुआ...?
क्या टूटा...?

क्या बिखरा...?
मन बटोर नहीं पाता
अपने ही छितराये
काँच के टुकड़ों को।

अभीप्सा थी
या विश्वास था...
या अहम्...
एक क्षुद्र भाव...
कि यूँ अकिंचन बने
अपने को पल पल
मरते गिरते हुए
सहा नहीं जाता।

दूर कहीं सूरज की चिलक
पल भर आँखों को चकाचौंध
कर देती है
पर फिर वही...
गहरा अँधेरा
जो जैसे चिपक गया हो
छुटाये नहीं छूटता
और हर दिन
बदहवास या अँधेरी सुरंग में
गिरता...
तड़पता...
मैं सालों से बनाये
अपने चित्रों को देखता
बार-बार सोचता हूँ
कहीं मैं हार तो नहीं गया?

शायद अपने में डूबा
सोचता रहा कि सब कुछ

अपना है...
बँधा सा सुख है
सुरक्षित,
सौम्य,
निर्मल,
श्वेत,
जहाँ दूर दूर तक
परछाइयाँ
आ भी नहीं सकतीं,
जहाँ एक बादल
सब कुछ ढककर
गीत बनाता था...
तो कभी राग रागिनी
तो कभी बादल छेड़खानी करता
भिगो देता था।

मन कहता था कितना अच्छा है
कि कल्पनाओं की पेंगें बढ़ाकर
आसमान छू लो,
एक झूला चाँदनी की रस्सियों पर डालो
और चाँद को चूम लो।

फिर भागो...
भागते रहो...
कहीं एक गहरा विश्वास
कि मेरे साथ वो भी झूला है
छुआ है उसने भी आसमान को
और जहाँ मैंने भागते हुए
अपने पैरों के निशान छोड़े हैं
वहीं वहीं अपने क़दम रखता
वो भी साथ साथ आया है।

कभी-कभी एक आशंका उठती है
क्या अपने अँधेरों और अविश्वासों का
या दबी पड़ी वासनाओं का
भ्रामक चित्त
यह माया जाल तो नहीं?
पर अकेलापन छूटता नहीं
मोगरे की खुशबू आती है
चली जाती है
क्षणभर को शब्दों को अँजुली में बटोर
कोई पास भर रख देता है
पर वो शब्द
कुछ समय में ही
हवा में उड़ जाते हैं
फिर घेर लेता है वही साँय साँय करता
एक मादक अहसास।
तुम्हारी याद आती है तो लगता है
एक असीम सुरक्षा है...
असीम प्रेम है...
और कितने ही सालों बाद मिलोगी तो
एक परिचित सी सुगन्ध
गहरी नींद का मन्त्र लिए
अपने आगोश में समेट लेगी
और मैं सोता रहूँगा निःशंक
चाहे बाहर कितने ही तूफ़ान हों
लुभावने जाल हों
जागूँगा भी तो
वही सुगन्ध तुम्हारे जाने के बाद भी
आश्रय का चिर-परिचित विश्वास
हमेशा देती रहेगी।

पर अभी जैसे तुम्हारी याद भी
न जाने क्यूँ

छिने हुए स्वप्नों को
वापस नहीं दे पाती
नये स्वप्न स्तब्धता में दम तोड़ देते हैं।
स्तम्भन में,
कीचड़ में,
बुलबुले से सतह तक आते हैं
और फूट जाते हैं
कुछ भी नहीं होता।
* * *

अरे पागल हो तुम...
मेरे मनई...
मैं तुम्हारी परछाईं हूँ
चलती हूँ
हमेशा तुम्हारे साथ-साथ
तुम ही भूल जाते हो
पर मैं तो कभी भूलती नहीं
उठो अब...
स्तवन करो सूरज का
देखो मतवाले चाँद को
चलो अब कुछ दिन
मेरे साथ-साथ रहो
हम घूमेंगे
सागर किनारे कोलाहल से दूर
और बर्फ़ की चोटियों के नीचे
केसर की घाटियों में
खूब लोटेंगे
तब तक
जब तक
तुम्हारे सारे व्रण मिट न जायें
मैं हूँ तुम्हारे साथ

सखा हूँ तुम्हारी
जन्म-जन्मान्तर तक
और उसके बाद भी।

तुम्हारी याद आती नहीं
जैसे तुम खुद आती हो
मुझे जगाने
सुलाने
पलकों में अपने होठों से
मीठे-मीठे स्वप्न बुनने।
* * *

अभी हालाँकि बरसात है
हलकी फुहारें पत्तियों को छूतीं
घास के मैदान में
धमाचौकड़ी मचा देती हैं
पर जैसे घास में कहीं हरियाली नहीं दिखती
सूखा सूखा सा बोझिल
सुबह से शाम तक
रंगों को तलाशता मन
कहीं चैन नहीं पाता।

किसे पता है
क्या हुआ—
सावन के झूले में
पानी की छोटी-छोटी बूँदों में
भीगता मन
जो प्रेम की अनचीन्ही कल्पनाओं
और उमंगों की पेंग बढ़ाकर
आसमान छू लेता था
वही मन एक अवसाद में बैठा

अपने आप से पूछता है
कहाँ है मन-सखा?

वही मन जो कई मीठी बातें
अपने से ही बतियाता
और सोचता—कि किसी और ने कही हैं
न जाने कितनी कविताएँ लिख जाता था
और चुपचाप किसी पल में
एकान्त में
उसे पढ़ता
सरसों के पीले खेतों पर
पर लगाये उड़ता
अपने ही में विमुक्त हुआ
देखता था वह सभी
हो जैसे वो
अपने ही आनन्द का
एक विस्तृत उद्यान!

कभी कुछ सूखी पत्तियाँ भी
खड़कती थीं तो
आतंक नहीं होता था
लगता नहीं था
कि वे सावन के स्वप्नों को
कभी भी तोड़ पायेंगी
कभी उनके प्रश्न
एक भ्रम पैदा करेंगे
और जीवन एक दुविधा में फँसा
कराहेगा।

यूँ तो समाधान कोई दुरूह नहीं
सभी अपनी-अपनी आत्माओं में
स्वतन्त्र हैं—

स्वच्छन्द भी हैं : मन और दैहिक रूप से
इस जीवन यात्रा में
सभी को अपने-अपने कर्मों का
लेखा-जोखा
स्वयं को ही देना है
वही निर्धारित करता है
मापदंड...
कोई दूसरा नहीं।

वह दूसरा बस
अपनी अहमन्यता में
अपने अज्ञान में
उसका जिसकी जीवन यात्रा में
कुछ कहने का भी
कोई अधिकार नहीं
अपने मापदण्ड, चाहे वो कैसे भी हों
अच्छे, मनोहारी
या बुरे, अरुचिकर
थोपने लगता है
अलग हुआ देखता नहीं
या वर्षों के सम्बन्धों से बँधा
देख नहीं पाता।

दुःख अपने परिमापों को
दूसरे पर थोपना
उनसे आशा करना
विश्वास करना
अपेक्षा करना...भी तो हो सकता है
पर एक बहुत बड़े
आकाशीय पटल पर
इन सभी परिमापों का
कोई भी अस्तित्व नहीं,

बस बन्धन छूटा
और विमुक्त हुआ पंछी
कुछ समय तो थकता है
पर निस्सीमता की वृहद्ता
...आकर्षण
सब भुला देती है
और उस नीले आकाश से
वह उन सभी को देखता है
प्रेम करता है
जिन्होंने इस सत्य को
बार-बार बताया :
कि तू स्वतन्त्र है
पर अपने विचारों के कारण नहीं
बल्कि इसलिए क्योंकि
तू इस अस्तित्व का
आधारभूत सत्य है।

स्वतन्त्र हो जाना...
कारण जनक नहीं
किसी के कहने से नहीं
दुख पहुँचाने से नहीं
त्रासदी से नहीं
उतार-चढ़ाव से नहीं
अपने स्वभाव से नहीं
बल्कि :
एक भाव है
जो घटित होता है
वो कोई बोझ नहीं होता
किसी को दोष नहीं देता
कलंकित नहीं करता।

ऐसा हो...
सोचता हूँ तो फिर
तुम याद आती हो!
* * *

बैठने को नहीं कहोगे?
क्या नहीं है अभी भी
ये सामने पेड़ों में
भरा पूरा जीवन
बरामदे में गुलाबी खिले फूल
चिड़ियाओं का शोर
बादल और ठंडी हवा।
अब तो मुस्कुराओ
न भी बोलोगे तो
बैठ जाऊँगी उस डोली पर
या
यहीं नीचे फ़र्श पर,
अब तो मैं तुम्हें
अनगिनत सालों से
जानती हूँ
तुम बिल्कुल नहीं बदले
वही जिद्दीपन
छोटी-छोटी बातों पे रूठना.......
सोचते कुछ ज्यादा हो
वहाँ भी जहाँ सोचना नहीं चाहिए
सम्बन्धों में हर समय
नियम तो नहीं होते
एक स्वतन्त्रता ही हमेशा
हवा और प्रकाश देती है
और वही हमें दूसरों के चेहरे का
सही रूप दिखाती है
अपने अच्छे बुरे का आकलन नहीं।

तुम मेरे प्रिय हो
जानती हूँ तुम्हें
पर मानो...
अब ज़माना बदल रहा है
ऊपर-ऊपर से ही सही
बदल जाओ
पार कर लो नौका में चुप बैठे
ये जीवन-सलिला
चूँकि तुम तो तैरना भी नहीं जानते
डूबे तो बस...!

छोड़ो तुमने बस वादा किया
आये नहीं केसर की घाटियों में,
भर जाओ सुगन्ध से
वही तुम्हारा सत्य है
तुम्हें कैसी भी दुर्गन्ध छुए तो
मैं आहत होती हूँ
नहीं...
उठो और चुन लो ढेरों जूही और बेला
गूँथ दो
अपने लिए न सही
मेरी वेणी के लिए ही...!

□□